나 혼자 스포츠마케팅 회사 창업하기

나 혼자 스포츠마케팅 회사 창업하기

초판인쇄 2022년 2월 20일 **초판발행** 2022년 3월 1일

글쓴이 김주택 **펴낸이** 오상민 **펴낸곳** 신사우동 호랑이 **출판등록** 제 2021-000034호

주소 서울시 송파구 송파대로 28길 20, 세화빌딩 505호

전화 010-3234-4873 **팩스** 0504-328-4873

전자우편 sin_tiger@naver.com **블로그** blog.naver.com/sin_tiger

ISBN 979-11-976786-1-5

ⓒ김주택 2022

● 잘못된 책은 바꾸어드립니다.
● 이 책은 저작권법의 보호를 받는 저작물입니다. 무단 전재와 복제를 금합니다. 이 책의 전부 또는 일부를 이용하려면 반드시 사전에 신사우동 호랑이의 동의를 받아야 합니다.
● 원고 투고는 위 이메일로 보내주세요. 독자 여러분의 소중한 글을 기다리고 있습니다.
● 값은 표지 뒷면에 있습니다.

소자본 창업을 꿈꾸는 이 시대 모든 사람을 위하여

나 혼자 스포츠마케팅 회사 창업하기

김주택 지음

신사우동
호랑이

책을 펴내며
창업은 기회다

창업은 분명히 기회였다. 오랜 직장 생활로 권태기에 잠겨 있던 나에게 새로운 희망으로 다가왔다. 막연한 꿈이었던 내 회사가 생겼고, 월급쟁이 시절엔 상상하지 못했던 돈을 만질 수 있었다. 아무리 뛰어다녀도 피곤하지 않았다. 난 세상에서 가장 자유롭고 행복한 사람이었다.

창업이라는 희망의 끈을 잡기까지는 초조하고 떨렸다. 앞이 보이지 않아서 두렵기도 했다. 창업을 결정한 순간부터 내 머릿속은 성공과 실패라는 두 개의 극단적 가설로 뒤범벅이 되고 말았다. 한 여자의 남편이자 두 딸의 아버지로서 실패는 상상하는 것만으로도 끔찍한 일이었다.

실패라는 가설은 참으로 무서운 전염성을 지녔다. 잡념에서 시작된 가설은 고민을 낳았고, 고민은 불안감을 싹트게 했다. 불안감은 무기력으로 이어졌다. 창업의 꿈은 무기력증 앞에서 맥없이 녹아내리곤 했다.

두려움을 없앨 단 하나의 방법은 철저한 준비다. 그것 외엔 방법이 없다. 내 장점보다 단점을 찾아 보완하기 위해 노력했고, 사업 실패 요인이 될 수 있는 것들을 하나둘 제거해나갔다. 그럴수록 두려움보다 자신감의 영토가 넓어지고 있음을 확신할 수 있었다.

　이 책은 소자본 창업자였던 나의 경험담이다. 스포츠마케팅 회사 창업을 꿈꾸는 모든 사람을 위한 사업 설명서이자 지침서다.

　스포츠마케팅 이론을 깊이 있게 다룬 책은 아니다. 시중에 판매되는 수많은 스포츠마케팅 관련 책이 시사·교양 프로그램이라면 이 책은 버라이어티에 가깝다. 현장에 나가 부딪혀보지 않으면 배울 수 없는 실전 스포츠마케팅을 현실감 있게 다뤘다. 실전에 필요한 영업 방법과 기술을 담았다. 거기에 내 영업 기밀까지 털어 넣었다. 만약 스포츠마케팅 이론 공부가 목적이라면 이 책을 덮고 '스포츠마케팅'이라는 제목으로 나와 있는 책들을 참고하기 바란다.

　출판사 신사우동 호랑이로부터 원고를 청탁받았을 때 "내가 책을?"이라는 생각에 정중하게 고사했다. 그러나 '취업과 이직 문제로 고민하는 모든 사람에게 취업이 아니라도 창업의 길도 있다는 것을 알려주면 어떻겠냐'는 말에 생각을 바꿨다.

　내가 경험한 모든 것이 누군가에게는 유용한 정보가 될 것이라는 생각에 즐거운 마음으로 원고를 써 내려갔다. 이 책이 소자본 창업자나 창업을 준비하고, 회사를 운영하는 데 있어서 미약하게나마 도움이 되었으면 하는 바람이다.

　사실 내 주변에는 이 책에 대해 회의적인 반응이 많았다. '무슨 이익이 있다고 영업 기밀까지 털어 넣는 것이냐'는 사람부터 '그렇지 않아도 좁은 시장에 더 많은 사람이 뛰어들길 바라는 거냐'며 질책하는 사람도 있었다.

내 생각은 조금 다르다. 이 책을 낸 진짜 이유를 네 가지로 요약해보겠다.

첫 번째는 취업과 이직을 놓고 고민하는 모든 사람을 위해서다. 이 시간에도 취업과 이직 문제로 많은 사람이 고민하고 있지 않을까. 취업과 이직 고민은 내 회사를 차리지 않는 한 벗어날 수 없는 굴레다. 취업과 이직을 반복하면서 막다른 길목에 몰리면 창업이라는 카드를 마지 못해 꺼내 든다. 월급쟁이 인생의 비애다. 어차피 창업할 생각이라면 조금이라도 젊은 나이에 조금이라도 여유를 가지고 시작해야 한다. 그래야 성공확률도 높일 수 있다.

두 번째는 직장 생활보다 창업이 매력적이라는 점이다. 내 꿈을 맘껏 펼치면서 더 많은 돈을 벌 수 있다. 심지어 정년퇴직을 걱정할 필요도 없다.

요즘 청년들은 불안한 창업보다 안정된 취업에 관심이 많다. 대학 특강을 나가 학생들과 이야기를 나누다 보면 취업 관심도가 어느 정도인지 짐작할 수 있다. 그런데도 난 학생들에게 취업보다 창업을 권한다. 스포츠를 좋아하는 사람이면 누구나 해볼 만한 사업이 스포츠마케팅이다. 사업에 필요한 집기도 많지 않아서 다른 어떤 업종보다 소자본 창업자에게 유리하다.

세 번째는 가능성이 무궁무진한 블루오션이기 때문이다. 국내 스포츠산업은 역사가 그리 길지 않다. 1990년대 중후반부터 스포츠마케팅의 뿌리가 자라기 시작했다. 선수들의 경기력은 단기간에 빠르게 성장했으나 산업은 크게 진보하지 못했다. 이제 막 걸음마를 뗀 단계라고 할 수 있다. 외형만 비대해졌을 뿐이지 시스템 진보는 아직 갈 길이 멀다. 그만큼 미개척 분야가 많다. 수익이 발생하는 곳에만 경쟁이 치열해서 레드오션처럼 보이지만, 바라보는 각도를 조금만 달리해도 새로운 시장이 열린다.

네 번째는 국내 스포츠산업 발전을 위한 일종의 재능기부다. 내가 가진 빵 한 조각이 다른 누군가에겐 절실함일 수 있다는 걸 난 안다. 오랫동안 스포츠업계에서 근무하면서 받은 도움과 혜택 일부를 스포츠업계에 돌려줘야 한다는 것이 나의 오래된 생각이자 인생 철학이다.

무턱대고 창업을 권하지는 않는다. 창업 전에는 반드시 철저한 준비가 뒤따라야 한다. 창업 당시 내가 가진 것이라곤 스포츠마케팅 시장 흐름을 보는 눈과 인적 네트워크뿐이었다. 초라한 소자본 창업자였다. 그랬던 내가 어떻게 창업 후 회사를 안정궤도에 올려놓을 수 있었을까? 이 책에 해답이 있다. 소자본 창업을 꿈꾸는 사람들을 위한 취업 정보와 창업 준비과정, 창업 방법, 회사 운영 방법·노하우 따위를 상세하게 적어 넣었다. 업무일지에 적어둔 영업 기밀까지 모두 공개했다. 더 털어 넣을 영업 기밀은 없다.

이제 마음의 준비가 되었는가? 그럼 지금부터 출발하겠다. 스포츠마케팅 회사 창업이라는 위대한 첫발을 내디뎌보자. 다시 말하지만, 창업은 기회다.

2022년 2월
서울 송파구 사무실에서
김주택

차례

책을 펴내며 창업은 기회다_4

1부 스포츠마케터가 되는 길

1. 스포츠마케터, **비전 있는 직업**일까?_13 | 2. 기업들은 **왜 스포츠마케팅을 할까?**_20 | 3. 스포츠마케터가 **필요한 이유**_27 | 4. 스포츠마케팅, **오해와 편견**_34 | 5. 스포츠마케팅 회사, **취업할까? 창업할까?**_42 | 6. **무엇을 전공**하고, **무엇을 배워야** 할까?_50 | 7. 스포츠마케터에게 **스펙 따위는 필요 없다?**_55 | 8. 취업한 회사에서 **이것은 반드시 챙겨라!**_63

2부 스포츠마케팅 회사 차리기

1. **창업 자본금**, 얼마나 필요할까?_71 | 2. **창업 준비부터 첫 매출까지**_78 | 3. **창업 시기**가 회사의 **명운을 좌우**_85 | 4. 스포츠마케팅 사업, **나도 할 수 있을까?**_91 | 5. 당신이 스포츠마케팅을 **하면 안 되는 이유**_98 | 6. 정말 **나 혼자** 창업해도 **성공할 수 있을까?**_106 | 7. **어떤 종목에 집중해야** 할까?_113 | 8. 스포츠에 **엔터테인먼트를 입혀라**_120

3부   스포츠마케팅으로 수익 올리기

1. 스포츠선수 **매니지먼트**_129 | 2. 스포츠대회·이벤트 **운영대행**_138 | 3. **스포츠 구단** 운영대행_146 | 4. 스포츠 브랜드 **홍보 마케팅 대행**_153 | 5. **방송중계권** 계약_159 | 6. 스포츠 **머천다이징**_163 | 7. **스포츠시설** 운영·관리_169

4부   스포츠마케터 영업 기밀

1. 스포츠마케팅 **기획력 기르기**_177 | 2. 다윗은 **골리앗보다 빠르다**_182 | 3. 모든 사람을 **내 편으로 만드는 행동 요령**_188 | 4. 믿음 주고 인정받는 **상담 기술**_196 | 5. 계약서 작성과 **협상 기술**_203 | 6. 글쓰기는 숙명, **부끄러운 글 피하는 방법**_210 | 7. 100% 기사화되는 **보도자료 만들기**_219 | 8. 거절할 수 없는 **제안서 만들기**_227 | 9. 단점을 장점으로 **포장하는 기술**_233 | 10. 성공한 **스포츠마케터의 코디네이션**_240 | 11. **포스트 코로나 시대** 스포츠마케팅_246

책을 마치며   찬란한 스포츠의 나라_252

1부
스포츠마케터가 되는 길

 좁은 스포츠마케팅 시장을
파고 들어가니
또 다른 시장이 묻혀 있었다.
참신한 아이디어만 바탕이 된다면
스포츠마케팅 시장은
틀림없는 블루오션이다.

스포츠마케터, **비전 있는 직업**일까?

　　　　　세상은 빠르게 변화한다. 스포츠는 그 속에서 진화를 거듭하고 있다. 최근 10년 사이 스포츠산업에 일어난 변화들을 들여다보면 위기와 기회가 혼재된 격변기라는 사실을 느낄 수 있다. 종목마다 일부 규칙이 개정되면서 빠르고 흥미진진해졌고, 거의 모든 종목에 비디오판독VAR이 도입됐다. 신종 코로나바이러스 감염증코로나19 팬데믹 이후에는 집콕 스포츠 관람 문화가 대세처럼 자리를 잡았다.

　이것은 현대 스포츠가 처한 위기다. 볼거리, 즐길 거리로 넘쳐나는 현대 사회에서 스포츠는 수많은 선택지 중 하나일 뿐이다. 느리고 진부한 스포츠는 관심을 끌지 못한다. 변화하지 않는 스포츠는 도태한다.

　이것은 현대 스포츠에 찾아온 기회이기도 하다. 넘쳐나는 볼거리와 즐길 거리를 스포츠에 접목하면 스포테인먼트라는 흥미로운 콘텐츠가 탄생한다. 느리고 진부한 스포츠를 뉴 미디어에 넣어 돌리면 빠르고 흥미진진하며 치밀한 스포츠로 탈바꿈한다.

　스포츠산업이 지난 20여 년 동안 거듭된 위기 속에서도 꾸준한 성장세를 이어올 수 있었던 이유가 바로 그것이다. 위기와 기회가 혼재된 격변기 속에서 끊임없는 진화를 이뤄낸 덕이다. 스포츠는 여전히 고부가가치 산업으로 분류할 수 있다.

　국내 스포츠산업 성장 이면에는 기업의 투자와 미디어의 발달이라는 커다란 동력이 있었다.

　박세리가 삼성으로부터 후원을 받은 건 1996년부터다. 1997년 삼성 모자를 쓰고 미국으로 건너갔고, 1998년 미국여자프로골프LPGA 투어 메이저대회 맥도날드 챔피언십과 US여자오픈을 나란히 제패했다.

　US여자오픈에선 연못 근처에 떨어진 공을 치기 위해 맨발 샷을 시도했는데, 그것이 국제통화기금IMF 외환 위기로 침체해 있던 대한민국 모든 국민에게 큰 감동을 안겼다. 그래서 그를 스포츠 영웅이라 부른다.

　LPGA 투어에서 한국 선수가 우승한 건 박세리가 처음은 아니다. 박세리보다 10년 앞선 1988년에 구옥희가 한국인 첫 우승을 차지했다. 하지만 구옥희는 기업 후원도 미디어의 도움도 받지 못했다. 그의 우승을 기억하는 사람은 많지 않다. 구옥희의 우승은 역사 속 한 줄 기록으로만 남아 있을 뿐이다.

　바로 이것이 스포츠마케팅의 힘이다. 기업(삼성)은 스포츠(골프)를 매개체로 선수(박세리)에게 재정적인 후원을 함으로써 홍보 효과를 누릴 수 있다. 여기서 기업의 스포츠(선수) 후원과 미디어의 미묘한 상관관계를 포착할 수 있다. 스포츠마케팅 성립을 위한 필수 불가결한 요소라는 점이다. 기업의 스포츠(선수) 후원은 미디어의 참여를 부추기고, 미디어의 발달은 기업의 스포츠(선수) 후원을 촉진한다. 삼성의 박세리 후원과 SBS의 LPGA 투어 단독 생중계가 좋은 예다.

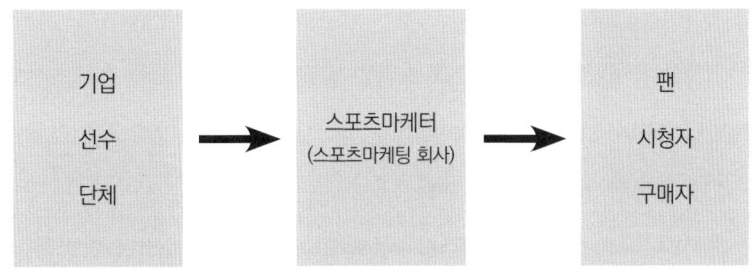

스포츠마케팅 유통의 기본 구조

스포츠마케팅은 스포츠를 매개체로 기업과 브랜드를 홍보할 뿐만 아니라 스포츠 스타를 만들고, 나아가 스포츠 역사까지 바꿔놓는 힘을 지녔다. 그런 면에서 박세리는 잘 짜인 스포츠마케팅 각본에 의해 탄생한 스포츠 스타라고 할 수 있다.

만약 삼성이 박세리를 후원하지 않았다면 어땠을까? 한국 스포츠사에 길이 남을 명장면(맨발 샷)은 고사하고 LPGA 투어에서 플레이하던 박세리를 볼 수는 있었을까? SBS의 LPGA 투어 단독 생중계를 이른 새벽부터 잠을 설쳐가며 시청할 일이 있었을까?

이것은 스포츠마케팅의 아주 일부분에 불과하다. 박세리 신화와 박찬호의 메이저리그MBL 활약, 2002 국제축구연맹FIFA 한일 월드컵을 경험하면서 국내 스포츠마케팅은 성장 급물살을 타게 된다. 스포츠마케팅 관련 지식과 정보를 손쉽게 손에 넣을 수 있게 됐고, 관련 업종과 종사자는 해마다 큰 폭으로 증가하기 시작했다.

스포츠마케팅 범위와 방법도 다양해졌다. 스포츠 대회장에서 선수들의 경기 내용을 제외한 거의 모든 것이 스포츠마케팅의 산물이라 해도 과언이 아니다. 이제 스포츠마케팅 없는 스포츠는 상상하기 어려워졌다.

스포츠마케팅의 성장은 스포츠산업 발전과 뿌리가 같다. 스포츠산업이 발달하면서 스포츠마케팅 줄기가 성장했고, 스포츠마케팅은 스포츠산업에 풍성한 열매를 맺게 했다.

하지만 국내 스포츠산업은 선수들의 경기력만큼 비약적인 발전을 이루지 못했다. 이제 막 걸음마를 뗀 수준에 불과하다. 동·하계올림픽에서 우리나라 선수들의 경쟁력은 메달 순위 기준 세계 10위권이지만, 스포츠산업은 선수들의 경기력을 따라가지 못하고 있다. 스포츠마케팅의 미래는 여전히 불확실하고 불안하다.

불확실이라는 말에 체념하지는 말자. 불확실은 불가능이 아니다. 확신을 장담할 수 없다는 뜻이다. 불확실한 상황 속에서도 국내 스포츠마케팅 시장은 희망적인 면이 많다. 예단할 순 없지만, 다른 업종과 비교하면 한 번 도전해볼 만하다는 생각이다. 그렇게 생각하는 이유를 다음과 같이 정리해봤다.

AI로 대체할 수 없다

스포츠마케터라는 직업을 희망적으로 바라보는 첫 번째 이유는 인공

지능AI으로 대체할 수 없다는 점이다.

인간은 기계에 노동을 맡기면서 노동 시간 단축이라는 혜택을 받고 있다. 몸은 편해졌고, 여가를 즐기거나 다른 일을 할 수 있는 시간은 늘어났다. 그런데 불안하다. 자율주행차, 지능형 로봇, 드론 같은 똑똑한 기계들이 인간의 노동을 하나씩 빼앗고 있다. 이대로라면 당신의 노동도 빼앗길지 모른다.

스포츠마케터는 이런 노심초사에서 자유로워도 될 것 같다. 스포츠마케터는 기업과 선수를 매칭하고, 스포츠대회·이벤트를 기획·운영한다. 감성이나 직관으로 처리하는 일이 많아서 AI가 대체하기는 어렵다.

스포츠마케터 업무를 AI가 대체하기까지는 상당한 시간이 걸릴 것으로 보인다. 가까운 미래에는 사실상 불가능하다. 최소한 당신 생애에선 AI에게 일거리를 빼앗길 가능성이 없다. 안심하고 도전하라.

파면 팔수록 새로운 시장이 나온다

국내 스포츠마케팅 시장은 미개척지가 많다. 아직도 어디에 무엇이 묻혀 있는지 알지 못한다. 온갖 창의력을 동원해서 미개척지를 찾아내야 한다. 아마도 당신이 평생 스포츠마케팅에 모든 것을 쏟더라도 미개척지를 다 찾아내지는 못할 듯하다. 그것이 내가 스포츠마케팅을 유망한 업종으로 보는 두 번째 이유다.

나는 스포츠에이전시를 창업하기 전부터 '국내 스포츠마케팅 시장은 포화상태'라는 말을 자주 들었다. 똑같은 말을 지금도 듣고 있다. 수요보다 공급이 훨씬 많다는 이야기인데, 나는 그것에 동의할 수 없다.

스포츠마케팅 시장이 포화상태처럼 보일 뿐이지 결코 포화상태는 아니다. 수익이 발생하는 곳에 여러 사람이 모여 경쟁하다 보니 수익성이 떨어져서 나온 말이다.

시선을 조금만 다른 곳으로 돌려보자. 미개척 분야에는 도전하는 사람이 없다. 스포츠마케팅 시장에서 가능성을 발견했다는 사람은 레드오션만 보지 않는다. 블루오션을 보면서 새로운 사업을 구상한다.

국내 시장에선 무엇을 해도 포화상태다. 스포츠마케팅보다 더한 시장도 많다. 수익 창출이 어느 정도 한계점에 다다르거나 더 이상의 창의력이 요구되지 않는 분야도 있다. 스포츠마케팅은 다르다. 무궁무진하다. 노력할수록, 고민할수록 영토를 넓혀갈 수 있다.

MZ세대에게 스포츠마케팅은 기회의 땅이다. 그들과 이야기를 나누다 보면 감성을 따라가기가 어렵다는 걸 종종 느낀다. MZ세대의 감성과 창의력을 스포츠마케팅에 접목하면 무궁무진한 사업 아이템을 만들 수 있다.

스케이트보드, 스포츠클라이밍, 스노보드, 웨이크보드 같은 익스트림스포츠는 대표적인 미개척 영토다. 사실상 MZ세대를 위한 밥상으로 봐도 무방할 듯하다. 젊은 감성이 아니고서는 마케팅 자체가 어렵다. 기성세대가 관여하면 틀에 박힌 마케팅에서 벗어나지 못한다. 망설이지 말고 도전하라.

스포츠마케팅 영토가 확장되고 있다

스포츠 판에는 매년 새로운 이벤트가 생겨난다. 계속해서 변화한다.

그것도 모자라 엔터테인먼트와 조인해서 지금껏 경험하지 못한 스포츠가 만들어지고 있다. 스포츠의 영역은 앞으로도 더 넓어질 전망이다.

이 모든 변화를 스포츠마케터가 이끌어야 한다. 의지만 있으면 만들지 못할 것이 없다. 새로운 종목과 미디어 환경에 적응할 수 있는 사람이라면 누구나 도전할 만하다.

2020 도쿄올림픽에는 스케이트보드, 서핑, 스포츠클라이밍, 사이클 BMX 프리스타일, 3대3 농구 같은 젊은 세대나 일부 마니아 사이에서 유행하는 스포츠가 정식종목으로 채택됐다. 기성세대와는 어느 정도 거리감이 있는 종목들이다. MZ세대의 젊은 감성만이 다가갈 수 있는 영역이다. 현대 스포츠에서 젊은 세대의 관심과 참여가 얼마나 중요한지를 엿볼 수 있다.

기업들이 추구하는 스포츠마케팅도 갈수록 다양해지고 있다. 스포츠 빅 이벤트의 시장 규모는 매년 확대되고 있다. 심지어 계속해서 새로운 형태로 진화한다. 스포츠마케터를 필요로 하는 곳이 그만큼 늘어나고 있다.

기업들은 왜 스포츠마케팅을 할까?

　　대한민국은 위기에 강하다. 반만년 격랑의 역사가 그것을 입증한다. 위기마다 그것을 발전의 동력으로 삼아 찬란하게 발전해왔다. 비교적 역사가 짧은 스포츠산업도 평탄한 길을 걷지 못했다. 크고 작은 위기와 맞닥트릴 때마다 비에 젖고 바람에 쓸리면서 더 단단해졌다.

　　사실 우리나라는 1970년 아시안게임을 유치했다가 안보와 재정 부담으로 개최를 포기한 이력이 있다. 이 일로 아시아 여러 나라에 민폐를 끼치면서 국제 사회의 따가운 시선을 받아야 했다. 1966년 개최지 방콕(태국)은 우리를 대신해 1970년 대회를 반강제적으로 떠안은 탓에 막대한 적자를 피하지 못했다.

　　그랬던 대한민국이 서울올림픽(1988)과 FIFA 월드컵(2002), 대구세계육상선수권대회(2011), 평창동계올림픽(2018)까지 개최하면서 스포츠 빅 이벤트 그랜드슬램을 달성했다. 30년 사이 대한민국 스포츠는 전 세계 어디에서도 찾아보기 어려운 찬란한 발전을 일궈냈다.

대한민국 스포츠의 기적 같은 성장 과정은 기업을 빼놓고 이야기할 수 없다. 나고야(일본)가 유력했던 1988년 하계올림픽 개최지 선정에서 서울이 막판뒤집기에 성공할 수 있었던 건 현대와 정주영의 치밀한 물밑작전 덕이었다. 역시 일본으로 기울어가던 2002 FIFA 월드컵 개최지 선정도 현대와 정몽준이 총대를 메고 뛰어들었고, 2018 평창동계올림픽은 이건희(삼성), 박용성(두산), 조양호(한진)라는 삼두마차가 감동의 드라마를 합작했다.

스포츠는 자본의 힘으로 움직인다. 아마추어리즘으로 시작한 올림픽도 자본에 점령당한 지 오래다. 자본이 투입되지 않으면 흥행은 기대하기 어렵다. 흥행하지 않는 스포츠는 설 자리를 잃어버린다. 기업과 자본은 현대 스포츠의 중심에서 그야말로 막강한 영향력을 행사하고 있다.

한때 대한민국 최고의 인기 스포츠를 다투던 프로복싱과 민속씨름은 후원 기업이 나타나지 않아 몰락했다. 여자 복싱은 세계 챔피언이 되더라도 후원 기업이 없어 방어전을 치르지 못할 지경이다. 자본이 빠져나간 스포츠는 얼마나 참혹해질 수 있는지 여실히 보여준다.

스포츠마케팅 대중화 물결

기업과 자본의 영향력 강화는 스포츠마케팅이라는 새로운 산업을 움트게 했다. 기업은 스포츠와 스포츠 스타를 활용해 마케팅하기 시작했고, 스포츠 중계권은 거액으로 사고 팔린다.

기업의 스포츠마케팅 영역은 매년 확대되고 있다. 대부분 기업이 스포츠마케팅을 계획하고 있거나 상당한 관심을 보인다. 기업인들과 이야기를 나누다 보면 스포츠마케팅에 대한 편견이나 잘못된 인식도 거의 사라진 것 같다. 대기업과 스타 선수들의 전유물로 여겨졌던 스포츠마케팅은 이제 중소기업과 소자본 창업 브랜드들도 하나의 마케팅 수단으로서 인식하고 있는 듯하다. 그만큼 스포츠마케팅의 범위는 넓어졌고, 방법은 다양해졌다.

문제는 수익이다. 스포츠를 통해 마케팅하더라도 곧바로 수익으로 이어지지는 않는다. 올림픽 후원사는 국제올림픽위원회IOC에 현금과 현물을 지원하면서 후원사 권리를 얻는다. 그 권리를 기업 마케팅에 활용하지만, 이미지 제고 효과 말고는 눈으로 확인할 수 있는 이익이 거의 없다.

프로야구단을 운영하는 기업도 매년 적자를 면치 못하고 있다. 프로야구단의 1년 예산은 약 300억 원인데, 입장료 판매 수익과 야구장 광고 수익, 중계권료 수익 등 프로야구팀을 운영하면서 기대되는 수익을 모두 합쳐도 적자를 면하기 어렵다.

그렇다면 기업은 거액의 적자를 예상하면서도 왜 스포츠마케팅을 멈추지 않는 것일까? 이유는 간단하다. 그들은 스포츠마케팅을 수익 사업으로 생각하지 않는다. 기업과 브랜드의 이미지 마케팅일 뿐이다.

패키지 여행상품을 판매하는 여행사는 신문광고를 내면 곧바로 문의 전화를 받고 수익을 올려야 한다. 문의 전화가 적거나 수익이 오르지 않으면 다시는 해당 신문사에 광고를 내지 않는다.

기업이 스포츠마케팅에 투자한 금액을 전부 수익으로 회수해야 한다면 스포츠마케팅에 투자할 기업은 단 한 곳도 없을 것이다.

그렇다면 비슷한 질문을 한 번 더 던져보겠다. 기업들이 스포츠마케팅을 하는 진짜 이유는 무엇이라고 생각하나? 현역 스포츠마케터나 스포츠마케터 지망생이라면 이 문제를 반드시 풀고 넘어갈 필요가 있다. 기업이 왜 스포츠마케팅에 매년 적지 않은 예산을 투입하는지 정확하게 파악하고 있어야 급변하는 시장에 적절하게 대처할 수 있다. 지금부터 하나씩 따져보겠다.

골프대회장에 설치된 광고보드와 제품.

기존 광고에 싫증

기업은 마케팅 예산으로 매년 적지 않은 예산을 편성한다. 그러면서 기업과 브랜드를 알리기 위해 머리를 쥐어짠다. 지금까지 해온 틀에 박힌 광고 형식에 만족하지 않기 때문이다. 마케팅 담당자는 좀 더 새로운 방식의 홍보를 원한다. 하지만 열심히 찾아도 참신한 마케팅 방법은 좀처럼 머릿속에 떠오르지 않는다.

스포츠나 스포츠 스타를 활용한 마케팅은 어떤가? 저비용 고효율을 노릴 수 있다. 기존 광고는 광고라는 부정적인 인식이 소비자들의 머릿속에 각인되어 있어서 관심을 끌기가 쉽지 않다.

그러나 자신이 좋아하는 선수나 팀을 통해서 브랜드가 노출되면 거부감이 상대적으로 덜하다. 자신이 좋아하는 선수와 팀을 함께 응원한다는 공동체의식이 생기기도 한다.

정형화된 틀이 없다는 점도 스포츠마케팅의 장점이다. 아이디어만 잘 짜내면 전혀 새로운 형태의 광고가 만들어진다. 소비자들에게 깊은 인상까지 남길 수 있어서 기업의 만족도는 대단히 높다.

때로는 각본 없는 드라마의 주인공이 된다. 골프황제 타이거 우즈$^{Tiger\ Woods}$가 퍼팅한 공이 홀 컵 바로 앞에서 멈춰선 장면을 TV를 통해 본 적이 있는가? 골프공에는 타이거 우즈를 오랫동안 후원했던 나이키 로고가 선명했다. 공은 약 3초간 멈췄다가 컵 속으로 떨어졌다. 그 순간 수많은 갤러리가 일제히 환호성을 터트렸다. 이 장면이 전 세계에 생중계되면서 나이키는 돈으로 환산할 수 없는 광고 효과를 누렸다. 어떤 광고가 이처럼 나이키를 극적이게 표현할 수 있겠는가.

미디어와 채널의 다양화

스포츠마케팅은 미디어와 필요 불가결한 관계다. 미디어의 발달이 스포츠마케팅의 발전 속도를 부추겼다. 미디어 없이 스포츠마케팅이 이루어지는 경우는 거의 없다.

삼성과 박세리의 매개체 역할도 미디어가 담당했다고 볼 수 있다. 미디어 없는 스포츠마케팅은 밑 빠진 독에 물 붓기밖에 안 된다.

기업의 선수후원이든, 스포츠대회 후원이든, 아니면 스포츠 구단 운영이든 미디어가 뒤따라야 한다. 결국, 스포츠마케팅의 발전과 진화는 미디어의 발달과 긴밀하게 맞물려 있다고 보는 것이 좋다. 홍보 채널이 늘어나면서 스포츠마케팅은 다양한 방법으로 진화할 수 있었다.

우리나라는 1995년 한국스포츠TV(SBS SPORTS 전신)가 개국해 본격적인 스포츠 채널 시대가 열렸다. 이후 SBS GOLF와 MBC SPORTS+, KBS N SPORTS가 차례로 전파를 쏘아 올렸다. 그때부터 스포츠마케팅의 가파른 성장이 시작됐다.

사회공헌으로 기업 이미지 제고

스포츠마케팅은 기업 이미지를 만드는 데 있어서 대단히 효과적인 수단이다. 어떤 선수를 어떻게 지원하고, 어떤 대회를 어떻게 후원하냐에 따라 기업과 브랜드의 이미지가 달라진다. 그러면서 사회공헌이라는 긍정적인 이미지를 덤으로 가져갈 수 있다.

기업의 선한 이미지는 단기간에 형성되지 않는다. 기업의 스포츠 종목 후원도 장기적인 안목에서 기업과 브랜드의 이미지 제고를 꾀해야 한다.

예를 들어 현대차그룹은 1985년부터 양궁 종목을 꾸준히 후원해서 애국 기업이라는 긍정적 이미지를 쌓았고, SK텔레콤과 한화는 펜싱과 사격 종목을 오랫동안 후원해 올림픽 효자 종목으로 키워냈다.

거액의 스포츠마케팅이 아니더라도 비인기 종목 유망주나 몸이 불편한 선수를 후원하면서 선한 이미지가 알려진 기업도 있다.

새로운 사장 판로 개척

새로운 시장을 개척하는 데도 스포츠마케팅은 유용한 수단이다.

브랜드의 이미지를 개선하거나 새로운 시장 판로를 개척하는 일은 절대로 쉬운 작업이 아니다. 예를 들어서 기성세대 스포츠의류 브랜드가 어느 날 갑자기 MZ세대 브랜드로 탈바꿈할 수는 없는 일이다. 그러나 3대3 농구를 후원하거나 익스트림스포츠 팀을 운영하면 자연스럽게 그 수요층에 맞는 브랜드의 이미지가 만들어진다.

해외시장 진출도 마찬가지다. 한국 음식이 익숙하지 않은 서구시장에 한식 브랜드를 론칭하는 일은 모험과도 같다. 현지 스포츠팀이나 스타 선수를 후원하면 위화감을 허물고 친근감 있게 다가갈 수 있다. CJ의 한식 브랜드 비비고가 미국프로농구NBA 스타 르브론 제임스Lebron James를 후원한 것도 같은 전략이다.

대기업과 그룹 총수들이 올림픽 유치전에 뛰어드는 것도 단순히 애국심으로만 해석할 수는 없다. 올림픽 유치전이 해외시장 개척을 위한 예비고사인 셈이다. 해외시장에 투자를 약속하면서 올림픽 유치와 해외시장 개척이라는 두 토끼를 잡는다. 현지 투자에 대한 진정성을 깊이 있게 심어줄 수 있는 다차원적인 마케팅이다.

스포츠마케터가 **필요한 이유**

　　　　　　스포츠마케터는 업무 특성상 많은 사람과 만난다. 좋든 싫든 여러 사람과 만나 다양한 이야기를 나눈다. 만남의 대상은 기업의 마케팅 담당자일 수도 있고, 선수나 선수 가족일 수도 있다. 스포츠업계 관계자와 만나는 일도 잦다. 대인관계가 원만하지 않으면 어려운 일이다.

　여러 사람을 만나는 만큼 질문도 많이 받는다. 질문 대부분은 우리 회사나 업무와 관련한 것이다. 많은 질문 중에서도 피로감이 느껴지는 질문이 있다. '스포츠마케터가 왜 필요하냐?'라는 질문이다.

　밑도 끝도 모를 이 질문은 주로 기업과 스포츠에이전시, 선수와 스포츠에이전시 사이의 불편한 이해관계에서 불거져 나온 말이다. 기업은 스포츠에이전시 없이 스포츠마케팅을 진행할 수 있고, 선수 역시 스포츠에이전시 없이 스스로 후원사를 찾거나 상품 가치를 높일 수 있다는 것이 스포츠에이전시를 불편한 시선으로 바라보는 일부 사람들의 생각이다.

평생 스포츠마케터로서 일한 현역 스포츠에이전시 대표인 나로서는 답변이 어렵지 않은 질문이다. 문제는 질문자의 의도다. 이 질문은 스포츠마케터의 필요성을 묻는 것이 아니라 '스포츠마케터가 왜 필요하냐?'며 따지듯이 묻는 경우다. 반대를 극복하기가 쉽지는 않다.

주변 스포츠마케터들과 이야기를 나누다 보면 이런 저돌적인 질문에 명확하게 답변하지 못하는 사람도 더러 있는 듯하다. 참으로 답답한 노릇이다.

만약 이 질문에 명쾌한 해답을 제시하지 못한다면 당신과 당신 회사는 물론이고 국내 모든 스포츠에이전시는 존재 의미를 의심받게 된다. 이런 사람은 스포츠마케터를 절대 해서는 안 된다. 지금부터 해답을 제시할 테니 반드시 숙지해두기 바란다.

기업에서 스포츠마케터가 필요한 이유

가장 중요한 이유는 시행착오를 줄일 수 있다는 점이다. 스포츠마케팅은 복합적인 전문 분야다. 스포츠와 마케팅을 함께 알아야 한다. 기업에서 스포츠산업과 업계를 모른 채 사업을 추진하면 큰 시행착오를 겪게 된다. 시간과 예산을 낭비하면서 좋은 평가도 받지 못한다. 이런 시행착오를 없애기 위해서는 반드시 스포츠마케터의 힘을 빌려야 한다.

스포츠마케팅 업무를 가장 전문적으로 잘 할 수 있는 사람은 스포츠마케터다. 집을 짓기 위해 건설사를 섭외하듯이 기업이 대회·행사를 열거나 스포츠선수를 영입할 때는 스포츠마케팅 회사에 맡기는 것이 가장 합리적이다.

스포츠에이전시를 대행사라고 부르기도 한다. 기업이나 단체를 대신해서 대회·행사를 운영하기 때문인데, 나는 이 표현을 개선하거나 수정해야 할 필요가 있다고 생각한다.

스포츠에이전시는 심부름업체가 아니다. 기업 이미지에 꼭 맞는 대회나 행사를 기획·제안하는 전문가 집단이다. 미래지향적인 발전 방향을 기업과 함께 고민하기도 한다.

스포츠에이전시와 비슷한 말로는 스포츠마케팅 회사, 스포츠 프로모션사, 스포츠 매니지먼트사 등이 있는데, 대행사처럼 무능력함이 느껴지는 표현은 없다. 서양에선 스포츠 프로모터라는 말을 많이 쓴다.

우리나라에 대행사라는 표현이 널리 쓰이는 건 일본의 영향이 큰 듯하다. 일본에선 스포츠대회나 행사를 진행하는 회사를 전부 다이코샤代行社라고 부른다. 우리말로 대행사다. 일본의 대행사는 말 그대로 행사를 대행하는 업무만 맡는다. 우리처럼 스포츠마케터라고 할 수 있는 분야별 전문가들이 없다. 우리는 일본에서 쓰는 대행사라는 표현을 그대로 받아들여서 쓴 것인데, 대행사를 대체할 만한 적절한 우리말 표현이 없다는 게 아쉽다.

선수에게 스포츠마케터가 필요한 이유

다음은 스포츠선수에게 스포츠마케터(매니저)가 필요한 이유를 설명하겠다. 첫째는 해당 리그나 투어 가이드가 필요하기 때문이다. 기업 후원뿐만 아니라 선수에게 꼭 필요한 정보와 업무 처리에 도움을 준다. 이제 막 성인 무대에 데뷔한 신인 선수는 말할 것도 없다. 현대 스포츠에서 매니지먼트 없는 선수는 그만큼 뒤처질 수밖에 없다.

이것은 기업으로부터 개별 후원을 받는 개인 종목 선수가 대상이다. 프로야구나 프로축구 같은 단체종목은 구단에서 선수를 관리하기 때문에 스포츠에이전시에서 영향력을 행사할 수 없다. 단, 구단과의 계약이 종료하는 시점에선 연봉협상과 이적, 해외 진출 등에 스포츠에이전시가 대리인으로 나설 수 있다.

스포츠 매니지먼트가 가장 활성화된 종목은 골프다. 정규(1부) 투어에서 활약하는 대부분 선수가 스포츠에이전시를 통해 후원사와 계약한다. 그만큼 선수 영입 경쟁이 활발하고 치열하다.

골프에 스포츠에이전시가 자리를 잡은 건 2000년대 후반 이후다. 그전에는 스포츠에이전시나 매니저라는 개념 자체가 생소했다. 대회가 많지 않았고, 기업 후원도 일부 스타 선수에 국한돼 있었다. 미디어도 다양하지 않아서 골프선수 매니저는 딴 나라 이야기 같았다.

십수 년 뒤 골프업계 분위기는 완전히 달라졌다. 기업의 관심이 늘어나면서 대회 수가 폭발적으로 증가했고, 뉴 미디어의 등장으로 홍보할 수 있는 채널도 다양해졌다. 당시 골프선수 매니지먼트에 부정적인 시각이던 사람들도 이견을 제시할 수 없게 됐다.

두 번째는 운동에만 전념할 수 있다는 점이다. 어떤 종목이든 경기에서 최고의 플레이를 펼쳐 보이는 것이 선수가 할 수 있는 가장 좋은 팬서비스다. 그러기 위해서는 리그나 투어에 완벽하게 적응해야 한다.

하지만 성인 무대에 데뷔하면 그러기가 쉽지 않다. 기업 후원을 받기 위해 이력서와 자기소개서를 제출해야 하고, 여러 언론사로부터 인터뷰 제의를 받기도 한다. 운동 외에도 할 일이 많다.

골프선수 매니지먼트를 하는 주요 스포츠마케팅 회사들 (2021년 기준)

매니지먼트사	주요선수
갤럭시아SM	박현경 임희정 오지현 김민선
넥스트스포츠	김보아 안소현 임진희 전예성
세마스포츠마케팅	고진영 박성현 유해란 강성훈
스포츠인텔리전스그룹	김승혁 왕정훈 한승수 함정우
스포티즌	이정민 허다빈
올댓스포츠	배상문 임성재 양희영
와우매니지먼트그룹	박인비 유소연 김아림 최예림
지애드스포츠	김효주 최나연 박민지 이보미
크라우닝	박채윤 이가영 성유진 이승연
WP스포테인먼트	김수지 박희영 박주영 지한솔

극히 일부 스타 선수는 기업에서 먼저 후원을 제안하기도 한다. 하지만, 대부분 선수는 그렇지 않다. 기업에선 웬만한 선수 이름조차 알지 못한다. 그렇다고 선수나 가족이 기업을 찾아다니며 세일즈를 할 수도 없는 일이다.

세 번째는 선수의 상품성을 높일 수 있다는 점이다. 성인 무대에서 뛰면서 소속사(매니지먼트) 없이 활동하는 선수가 있다. 가족이 소속사 업무를 대신하거나 선수 본인이 경기 외적인 업무까지 맡아 한다. 바람직한 방법은 아니다. 그렇게 하면 선수가 가진 상품성을 팬과 기업에 제대로 알리지 못한다. 오히려 상품 가치를 떨어트릴 수도 있다.

스포츠에이전시는 선수와 계약하면 선수의 장점과 매력을 분석해서 기업에 보낼 소개서를 만든다. 미디어와의 인터뷰를 주선하기도 하고, 보도자료를 발송해 여러 언론사에서 좋은 기사가 나가도록 유도한다.

소속사 없이 혼자서 선수 생활을 하다 넥스트스포츠와 인연을 맺은 선수가 여럿 있다. 새 식구가 들어오면 가장 먼저 이전에 기업에 보냈던 이력서와 소개서를 선수에게 요청한다. 선수들의 이력서를 들여다보면 엉성하기 짝이 없다. 이런 부실한 이력서는 스스로 상품 가치를 삼류로 깎아내린다.

언론사와의 소통도 좋을 리가 없다. 특히 신인급 선수는 기자들과의 인터뷰에서 무엇을 어떻게 말해야 할지 알지 못한다. 기본적인 인터뷰 매너조차도 모르는 선수가 많다. 그러면 기자들에게 좋은 인상을 남기지 못한다.

미디어에 좋지 않은 인상을 주면 대단히 곤란하다. 선수 생활이 힘들어질 수도 있다. 정작 본인은 모르는 경우가 많다는 것이 더 큰 문제다. 에이전시는 선수를 대신해 미디어와 소통하면서 갈등의 불씨를 진압한다. 언제 일어날지 모를 사건·사고 때도 에이전시가 나서서 해결한다.

팬들과의 소통도 중요하다. 팬 사인회나 이벤트를 열 때도 에이전시와 상의해 결정하면 된다. 많은 팬을 보유한 선수는 성적과 상관없이 스타 대우를 받는다. 그만큼 선수가 할 일이 늘어난다. 이때도 에이전시의 도움이 필요하다. 선수와 팬 또는 팬클럽 사이 껄끄러운 일은 전부 에이전시에 맡기면 된다. 스포츠마케터가 많이 고민하고 많이 뛸수록 선수의 상품성은 올라간다.

스포츠마케팅, **오해와 편견**

　　　　　　모든 직업에는 나름의 편견이 있다. 신문사 기자들과 이야기하다 보면 기자만큼 낡은 편견이 많은 직업도 없다는 생각이 든다. 대표적인 것이 '기자는 술과 담배를 좋아한다'라는 편견이다.

　나는 직장 생활을 시작하면서 기자들과 가깝게 지냈던 터라 이런 낡은 편견은 처음부터 없었던 것 같다. 주변에는 담배를 피우지 않는 기자가 많았고, 술 한 잔 안 하는 기자도 있었다. 아마도 인터넷 신문이 없던 시절의 오래된 편견이 아닌가 싶다. 낮술에 담배를 물고 기사 쓰는 모습이나 담배 연기로 뿌연 사무실에서 고성이 오가는 풍경, 이리저리 정신없이 뛰어다니며 마감하는 모습 말이다.

　요즘 신문사에서 이런 풍경을 보기는 어렵다. 지면을 마감해도 인터넷 기사를 실시간으로 올려야 하니 좀처럼 여유가 없다고 한다. 취재기자와 편집부 기자 사이 소통도 사내 메신저나 모바일 메신저로 이루어지기 때문에 고성이 오갈 일도, 이리저리 뛰어다닐 일도 없다고 했다. 실내 흡연은 있을 수도 없는 일이다. 세상은 빠르게 변화하고 있으나 사람들 머릿속에 들어앉은 편견은 변화의 물결에도 휩쓸리지 않는 기괴한 성질을 지닌 듯하다.

기자라는 직업에 비하면 스포츠마케팅은 긍정적인 인식이 많다. 스포츠를 좋아하는 사람이 많아서인지 스포츠마케팅과 관련한 업무를 동경하는 사람도 제법 많다. 젊은 사람들에게는 선망의 직업 중 하나라고 한다. 현역 스포츠마케터로서 뿌듯하고 보람된 마음이다.

스포츠 스타 매니저의 이야기를 그린 영화 〈제리 맥과이어〉의 영향이 컸으리라 본다. 이 영화가 국내에 개봉한 건 1997년이다. 스포츠에이전시라는 개념 자체가 생소했던 시절이었다. 주인공 톰 크루즈Tom Cruise는 스포츠 스타들 곁에서 일하면서도 자신을 드러내지 않는 신비로운 권력자다. 스포츠계에서 보이지 않는 힘을 발휘하며 많은 돈과 사랑까지 얻는다. 이 영화 흥행으로 국내엔 스포츠에이전시라는 직업이 널리 알려지게 됐다. 스포츠마케터를 향한 동경은 영화 〈제리 맥과이어〉가 시발점이 아니었을까.

스포츠마케터에 대한 기대와 관심이 커질수록 걱정스러운 마음도 적지 않다. 겉으로 드러나는 화려한 모습이 전부는 아니라는 것을 미리 일러두고 싶다. 계약이 성사되기까지 고된 영업과 구단·기업·선수(가족)와의 갈등, 열악한 업무 환경 등 눈에 보이지 않는 고충이 헤아릴 수 없이 많다.

요즘은 스포츠에이전시가 널리 알려져서 스포츠마케터에 대한 막연한 선입견은 어느 정도 사라진 것 같다. 언제 어디서든 원하는 정보를 빠르게 손에 넣을 수 있는 정보화시대에 사는 우리다. 스포츠마케터를 바라보는 눈높이가 이전과는 다르다는 걸 분명하게 느낀다.

그럼 본격적으로 스포츠마케팅 회사 창업의 세계로 안내하기 전에 스포츠마케팅에 대해 바로 알아야 할 것 같다. 지금부터 스포츠마케팅에 오만하게 따라붙는 소소한 편견들을 하나씩 깨고 가겠다.

영화 〈제리 맥과이어〉 포스터.

주말 출장은 피할 수 없다?

스포츠마케터가 다른 직업에 비해 출장이 많은 것은 사실이다. 그러나 회사마다 주요 업무와 방식이 다르다. 일반화해서 답하기는 어렵다. 시즌 중에는 거의 매주 주말마다 출장을 가야 하는 회사가 있는 반면에 주말·휴일이 보장되는 회사도 있다.

회사의 업무 특성과 방법에 따라 업무 환경도 크게 달라진다. 스포츠선수 매니지먼트와 스포츠대회·행사를 전문으로 기획·운영하는 스포츠에이전시를 예로 들어보자. 스포츠대회나 이벤트가 몰려 있는 주말·휴일은 포기하는 것이 좋다. 대신 남들이 출근하는 평일에 쉬는 달콤함을 맛볼 수 있다.

넥스트스포츠를 예로 들면 외근과 내근 비율이 5대5다. 외근 비중만 따로 쪼개서 보면 기업과의 미팅은 60%, 출장은 40%로, 출장보다 기업과의 미팅에 좀 더 많은 비중을 두고 있다.

기독교인도 스포츠마케터를 할 수 있다?

이 역시 회사마다 주요 업무와 방법이 다르기에 일반화해서 답할 수는 없을 것 같다. 스포츠마케터라는 직업이 대체로 주말에 자유롭지 못하다는 건 앞에서도 설명했다. 남들처럼 주말 기분을 내거나 가족과 함께하는 시간이 많지 않을 수 있다.

흥미로운 건 국내 유명 스포츠 스타 중에는 기독교인이 의외로 많다는 점이다. 스포츠마케터 중에도 기독교인이 제법 있는 것으로 알고 있다. 내가 알고 있는 한 스포츠마케터는 지방 출장 중에도 현지 교회에 나가 예배를 다녀오곤 한다. 운동선수는 경기가 없는 월요일이나 화요일에 예배를 나가기도 한다.

여자가 하기엔 어려운 일이다?

국내 스포츠마케터의 남녀 성비는 남성이 월등히 높다. 여성 스포츠마케터는 매니저 같은 소극적인 업무를 맡는 정도다.

이유는 크게 두 가지다. 상당수 스포츠마케팅 회사가 주말·휴일에도 휴식이 보장되지 않는다는 점과 지방 출장이 많다는 점이다. 때에 따라선 늦은 밤에도 업무를 처리해야 하고, 미팅과 술자리도 많은 편이어서 육체적·정신적 스트레스가 적지 않다. 진정으로 이 일을 좋아하지 않으면 버티기 어렵다.

내 주변을 보면 결혼 전엔 어떻게든 버티다가 결혼과 함께 기다렸다는 듯 그만두는 여성이 많다. 결혼 후 육아휴직을 내기도 하는데, 복직 후 오랫동안 근무하는 사람은 많지 않다.

여성에 대한 차별은 없다. 여성 특유의 섬세함을 잘 살려서 입지를 구축한 사례도 있다. 남녀 누구라도 안심하고 도전하시라.

스포츠마케터가 아니라도 에이전시를 할 수 있다?

가능하다. 대부분 종목엔 스포츠마케터 자격증이 따로 없다. 한국프로야구^{KBO} 리그만 공인대리인 제도를 시행하고 있다. 공인대리인 자격시험에 합격해야 선수 에이전시를 할 수 있다. 나머지 종목은 스포츠마케터가 아니라도 법적·행정적으로 문제가 되지는 않는다. 에이전트 대리인 자격을 부여하던 FIFA도 제도를 바꿔서 능력만 된다면 누구나 에이전트를 할 수 있게 했다.

논란의 여지는 많다. 국내 체육계에선 스포츠마케터가 아니지만, 에이전시 역할을 하면서 수익까지 챙기는 공인을 종종 볼 수 있다. 자신의 지휘와 권력을 이용해 기업이 특정 선수를 후원하도록 하는 방법인데, 공정하고 투명한 상업 행위로 보기 어렵다. 공정 경쟁과 공정 거래를 포기한 이기적인 상술이다.

친분이 있는 선수를 위해 선의로 후원사를 붙여준다면 선수에게 수수료를 받아선 안 된다. 만약 수익을 올리고 싶다면 공인의 자리에서 내려와 정식으로 스포츠에이전시를 차려야 한다.

공인이 정식으로 인허가를 받지 않은 상태에서 에이전시를 하면 신뢰를 잃어버린다. 해당 선수에게 이익을 안겨주면서 뒷돈을 거래하는 행위로 보일 뿐이다.

거래 후 문제가 발생하더라도 책임질 사람이 없다. 스포츠산업 구조를 파괴하는 행위로 국내 산업 발전에 전혀 도움이 되지 않는다. 국내 스포츠산업의 건전한 발전을 위해서라도 이 같은 거래는 없어져야 한다.

영어를 못하면 스포츠마케터를 할 수 없다?

스포츠마케터에게 영어는 대단히 중요하다. 여기엔 누구도 이견이 없다. 그러나 실전 활용도에 대해선 현역 스포츠마케터들도 의견이 제각각이다.

스포츠마케터 A는 "필수라고 해도 과언이 아니다. 비즈니스 상담은 어렵더라도 영문 문서 작성은 가능한 수준이어야 한다. 업무 특성상 해외 출장이 잦을 뿐만 아니라 해외 언론 뉴스검색, 시장·트랜드 분석, 외국 선수 물색·섭외, 외국 기업·단체에 기획서를 작성해 이메일을 보내야 할 때도 많다. 영어를 잘하면 그만큼 도움이 된다. 비즈니스를 넓게 볼 수 있고, 세일즈 폭도 넓어진다. 수익 아이템도 다양하게 잡을 수 있다. 아는 만큼 힘이 된다"라고 강조한다.

그에 반해 스포츠마케터 B는 "필수라고 할 수는 없다. 스포츠마케팅 업무 영역은 광범위해서 굳이 영어를 하지 않아도 할 수 있는 일이 많다. 해외 출장을 가지 않고, 외국인을 만나거나 연락을 주고받지 않아도 수익 아이템이 확실하다면 영어에 시달릴 이유가 없다"라고 주장했다.

나는 A, B의 의견을 모두 존중한다. 어느 쪽이 맞고 틀린 문제는 아닌 것 같다. 영어 실력에 앞서 마케팅 능력이 우선해야 한다는 전제 조건만 따른다면 말이다.

해외 영업에서 두각을 나타내는 기업 회장 중에는 영어 한마디 못하는 사람이 의외로 많다. 이들의 공통점은 비즈니스 수완이 놀랍도록 뛰어나다는 점이다. 영어 실력도 마케팅 능력이 갖춰진 다음의 문제이지 영어 실력만으로 안 되는 사업이 성사되지는 않는다.

일본어나 중국어를 잘해도 유리하지만, 영어와 비교하면 활용도가 낮다. 국내 스포츠마케팅 산업은 이제 막 걸음마를 뗀 단계이다 보니 이렇다 할 비즈니스 모델이 없는 실정이다.

스포츠마케터의 첫 번째 자격 요건은 열정이다?

어떤 일이든 열정은 중요한 요소다. 스포츠마케팅도 일에 대한 열정이 있어야 한다. 그렇지 않고서는 고된 노동과 열악한 업무 환경을 극복할 수 없다. 처음엔 환상을 보고 시작할 수 있지만, 시간이 지나면 지치고 자괴감이 몰려든다. 그것을 이기려면 열정이 필요하다.

이 책에서도 열정을 많이 강조하고 있다. 하지만 오해는 없길 바란다. 스포츠마케터의 첫 번째 자격 요건이 열정은 아니다. 가장 중요한 요건을 꼽는다면 기획력과 영업력이다. 업무 능력이 뛰어난 다음에는 성실성과 소통하는 능력이 있어야 한다. 그리고 열정이 뒷받침해야 한다. 업무 능력도 성실성도 소통도 되지 않는 사람이 열정만 앞세운다면 여러 사람을 불행하게 만들 수 있다.

스포츠마케팅 회사, **취업할까? 창업할까?**

요즘 대학생들과 이야기를 나누다 보면 스포츠마케팅 일을 하고자 하는 사람이 얼마나 많은지 실감하게 된다. 스포츠를 좋아하는 남학생치고 스포츠마케팅에 관심이 없는 사람은 별로 없는 것 같다. 좋아하는 스포츠 일을 하면서 돈도 벌 수 있으니 그럴 만하다. 일을 취미 생활처럼 한다는 게 어디 쉬운 일인가. 현타(현실 자각 타임을 줄여 부르는 신조어)가 오기 전까지는 말이다.

대학생들이야 아직 직장 생활 경험이 없으니 그런 환상에 젖어 있는 것도 무리는 아니다. 그런데 내 주변 다른 업종 종사자 중에도 '스포츠마케터를 해보고 싶다'라는 사람이 꽤 많다. 사회생활 경험이 어느 정도 있는 사람이라면 스포츠마케터 업무가 대부분 영업이라는 걸 모를 리 없는데도 말이다.

왜 그럴까? 다른 영업과 비교하면 전문적이고 고상하다는 편견이 내

재해 있는 것일까? 내 생각엔 영업과 수익 창출이라는 난제가 흥미로운 스포츠로 그럴싸하게 포장되어 있다는 게 핵심 이유인 것 같다. 스포츠 현장에서 스타 선수들과 만나고, 그것을 비즈니스로 한다는 것이 멋스럽지 않은가.

그렇다면 여기서 한 가지만 냉철하게 따지고 넘어가야겠다. 일과 취미는 분명히 다르다는 점이다. 취미는 영업과 실적에 대한 압박이 전혀 없다. 단지 육체적·정신적 건강을 챙기거나 스트레스를 푸는 용도로 활용할 뿐이다. 가고 싶은 곳만 골라가고, 만나고 싶은 사람만 만나도 된다. 하기 싫으면 안 해도 된다.

그러나 일은 실적이 있어야 한다. 경기장을 방문하고, 여러 사람을 만나면서 실적이 나지 않으면 일을 계속하고 싶어도 할 수가 없다. 때론 싫은 사람과 만나서 아쉬운 소리를 해야 하고, 수금 같은 껄끄러운 업무도 피할 수 없다. 하기 싫어도 해야 한다. 스트레스를 풀기는커녕 오히려 스트레스가 쌓인다.

운동이 건강에 좋다는 것은 과학적으로 증명된 사실이지만, 운동선수들의 평균 수평이 상대적으로 짧은 이유도 이와 무관하지는 않은 듯하다. 모든 일이 직업으로 전환되는 순간 영업과 실적이라는 굴레에서 벗어나기는 어렵다.

좋아하는 스포츠를 취미로 남겨둘 것인지, 아니면 평생 일과 병행하면서 살아갈 것인지는 당신의 판단에 달렸다. 스포츠마케터를 시작하기 전에 꼭 한 번은 고민해보기 바란다.

'그래도 스포츠마케터를 하고 싶다'라는 사람이 있다면 환영한다. 일을 취미 생활처럼 한다는 건 축복받은 삶이다. 일이라는 게 쉽지는 않겠지만, 처음에 가졌던 열정을 잃지 말라는 조언과 격려를 해주고 싶다.

스포츠마케터가 되겠다는 결단을 내리는 순간 또다시 갈림길이 펼쳐진다. 취업과 사업이다. 취업해서 월급을 받으며 안정적으로 살 것인가, 회사를 차려서 당신이 원하는 사업을 펼칠 것인가.

내 의견부터 말하면 창업을 권한다. 그 이유를 네 가지로 정리해봤다.

업무 환경이 열악하다

스포츠마케팅 회사는 대부분 업무 환경이 좋지 않다. 업무량은 많고, 연봉은 적은 편이다. 비교적 업무 환경이 괜찮은 대기업에선 스포츠마케터 채용이 거의 없다. 그런 자리의 취업 문은 바늘구멍이다.

대기업에 들어가더라도 문제가 있다. 대기업 스포츠마케팅은 대부분 마케팅부에서 맡는데, 다른 일과 병행하기 때문에 전문성이 떨어진다. 스포츠마케터라고 하기에도 모호한 면이 있다.

스포츠에이전시나 스포츠 브랜드를 유통하는 회사에선 스포츠마케팅 신입사원 채용이 제법 많지만, 업무 환경에 실망하는 사람이 적지 않다. 스포츠가 좋아서 이 일을 시작했다가 스포츠와 완전히 인연을 끊는 사람도 종종 보게 된다.

노력한 만큼 성취감이 없다

내 일이 아닌 이상 업무에 대한 보람을 찾기가 어렵다. 보수가 적은 것은 그렇다 쳐도 업무 성취감까지 느끼지 못한다면 문제가 심각하다. 회사에서 진행하는 사업 대부분은 대표나 윗선에서 결정하기 때문에 당신이 맡을 업무는 심부름 수준이다. 한 프로젝트를 맡아서 멋지게 추진하더라도 만족할 만한 성과급은 받지 못한다. 당신이 개척한 시장이나 판로는 전부 회사가 차지한다. 많은 적든 회사에서 월급을 받는 이상 어쩔 수 없는 일이지만, '열심히 일해도 내 것이 될 수 없다'라고 자각하는 순간 업무 능률은 더 떨어진다.

기계적인 인간이 된다

당신의 아이디어나 기획이 사업에 반영되지 않을 가능성이 크다. 힘들게 아이디어를 짜내도 사업에 반영될 가능성이 없다고 판단되면 모든 업무에 소극적으로 임하게 된다. 자기 발전에 도움이 되지 않는다. 당신이 회사에서 할 수 있는 업무는 지극히 제한적이다. 뜻을 펼칠 기회가 좀처럼 주어지지 않는다. 결국엔 시키는 업무에만 익숙해져서 오래 근무할수록 기계적인 인간이 되기 쉽다. 입사 초기 번득이던 아이디어는 더는 나오지 않는다. 그냥 평범한 월급쟁이로 전락한다.

장기근속이 어렵다

영세한 업체가 많다 보니 폐업의 위험에 노출돼 있다. 잘 다니던 직장을 잃을 수도 있다. 폐업하지 않더라도 회사가 추진하던 스포츠마케팅 사업을 접으면 길거리로 내몰린다.

주말 · 휴일, 밤낮없이 일해야 하는 경우가 많아 버티다 못해 결국 그만두는 사람이 적지 않다. 동종 업계 다른 직장으로 이직하는 사람도 있지만, 역시 오래 근무하지 못하고 회사를 떠난다. 이 회사 저 회사 전전하다 스포츠마케터를 완전히 포기하는 사람도 여럿 봤다. 안타까운 일이다.

모든 회사가 이렇지는 않다. 비교적 괜찮은 환경에서 근무하는 스포츠마케터도 많다. 비관적인 글만 열거해서 스포츠마케팅 회사 대표나 현역 스포츠마케터들에겐 미안한 마음이다. 하지만 대다수 스포츠마케터의 근무 환경이 열악한 건 틀림없는 사실이다. 나 역시 그러한 이유로 월급쟁이 생활을 접고 사업을 시작했다.

창업한다고 해서 모든 환경이 좋아지는 건 아니다. 더 처절한 경쟁 속에서 인생의 쓴맛을 보기도 한다.

내 회사에선 최소한 뿌린 만큼 거둬들이는 맛이 있다. 작은 일에도 큰 성취감을 느낀다. 회사가 자리를 잡으면 평생직장이 된다. 큰 프로젝트를 성공시키면 큰돈도 만질 수 있다.

3년 뒤 창업 목표로 취업하기

여기서 결정적인 문제가 발생한다. 창업이 좋은 건 알겠는데, 아무런 준비도 없이 회사를 차릴 수는 없는 일 아닌가. 스포츠마케팅에 대해 아는 것이 전혀 없는 취업준비생이 무슨 배짱으로 회사를 차린단 말인가. 너무 무책임한 권유 아닌가?

맞다. 아무런 준비도 없이 창업할 수는 없는 일이다. 스포츠마케터 업무 파악은 기본이고, 시장의 흐름을 정확하게 읽을 줄 알아야 한다. 선수

와 기업 관계자 같은 인적 네트워크도 있어야 한다. 그러려면 최소 2~3
년은 스포츠마케터로서 경험을 쌓는 것이 좋다.

창업을 위해 취업 후 월간 계획 세우기

월	업무계획	월	업무계획
1	**입사** ● 회사 조직 구조 익히기 ● 회사 업무 파악하기	4	● 업계 관계자와 친분 쌓기 (기업 · 용품 · 의류 각각 4명 이상) ● 선수들과 친분 쌓기 (10명 이상) ● 제안서 작성 기초 익히기 ● 보도자료 작성 기초 익히기 ● 매니지먼트 업무 익히기

2	● 회사 조직 구조 익히기
	● 업계 관계자와 친분 쌓기
	  (기업 · 용품 · 의류 각각 4명 이상)
	● 선수들과 친분 쌓기 (10명 이상)
		5	● 업계 관계자와 친분 쌓기
			  (기업 · 용품 · 의류 각각 4명 이상)
			● 선수들과 친분 쌓기 (10명 이상)
			● 스포츠대회 운영 기초 익히기
			● 매니지먼트 업무 익히기

3	● 업계 관계자와 친분 쌓기
	  (기업 · 용품 · 의류 각각 4명 이상)
	● 선수들과 친분 쌓기 (10명 이상)
	● 제안서 작성 기초 익히기
	● 보도자료 작성 기초 익히기
		6	● 업계 관계자와 친분 쌓기
			  (기업 · 용품 · 의류 각각 4명 이상)
			● 선수들과 친분 쌓기 (10명 이상)
			● 스포츠대회 운영 기초 익히기
			● 각종 문서 작성 완성도 높이기
			● 새로운 사업 아이템 기획하기

3년 뒤 창업을 목표로 스포츠마케팅 회사에 취업해 보자. 그러면 일
에 대한 열정이 달라진다. 돈을 주고 배워야 할 것들을 오히려 돈을 벌

면서 배운다고 생각하면 박봉이나 열악한 근무 환경 따위는 크게 문제가 되지 않는다.

취업이 어렵다면 인턴으로서 스포츠마케터를 체험해보는 것도 나쁘지 않다. 스포츠에이전시는 연중 선수 매니지먼트와 대회·이벤트 운영으로 늘 일손이 부족하다. 수시로 인턴을 모집하는 회사가 많아서 원하는 회사에 이력서를 넣어보는 것도 괜찮다.

직장 생활을 오래 한다고 해서 창업 후 회사 운영에 도움이 되는 건 아니다. 2~3년이면 시장의 흐름을 파악하고 인적 네트워크를 구축하는 데 충분한 시간이다. 늦어도 5~6년을 넘기지 않고 독립할 것을 권한다.

회사 생활을 오래 하면 창업 의지가 꺾일 가능성이 크다. 다람쥐 쳇바퀴 도는 월급쟁이 생활에 익숙해질 뿐이다. 열정이 사라진 자리엔 나태함이 자리한다. 나이 들수록 참신한 아이디어는 말라가고, 창업에 대한 두려움만 커진다. 막다른 길(나이)에 몰려서 창업하려 하면 실패에 대한 부담이 어깨를 짓누른다.

"좀 더 젊었을 때 준비할걸…"

그땐 후회해도 소용없다.

20년 준비해도 똑같다

스포츠마케터 경력 20년의 A 상무가 나이 쉰 살에 창업한다고 치자. A는 풍부한 지식과 정보, 인적 네트워크까지 갖췄다. 더 이상의 준비는 필요 없어 보인다. 정말 그럴까? 아마도 그렇지는 않을 것 같다. 10년을 준비한 사람이든 20년을 준비한 사람이든 부족함을 느끼는 게 인지

상정이다.

확실한 수익 아이템이 없기 때문이다. 수익 아이템을 만드는 건 사회 초년생이나 20년 경력의 스포츠마케터나 어렵기는 마찬가지다.

수익 아이템을 만들기도 어려운데 무슨 창업을 하란 말인가? 이 질문에 답변하기 위해서는 다시 내 이야기를 해야 할 것 같다.

나 역시 창업 초기엔 기존 스포츠에이전시의 수익 아이템을 따라가는 데 급급했다. 하지만 일을 하면서 수익 창출 모델이 무궁무진하다는 것을 느꼈다. 좁은 스포츠마케팅 시장을 파고 들어가니 또 다른 시장이 묻혀 있었다. 참신한 아이디어만 바탕이 된다면 스포츠마케팅 시장은 틀림없는 블루오션이다. 내가 창업 후 지금까지 수익 아이템을 찾지 못해 허덕이고 있었다면 이 책을 쓸 생각도 못 했을 것이다.

사업은 한 살이라도 젊은 나이에 시작하는 것이 백번 유리하다. 요즘 대학생들을 인턴으로 채용해보면 시장을 바라보는 시각이 기성세대와는 다르다는 걸 느낀다. 참신한 아이디어도 그런 시각에서 나온다고 생각한다. 아쉽지만 이런 참신한 아이디어는 나이가 들수록 말라가는 것 같다.

무엇을 전공하고, 무엇을 배워야 할까?

스포츠마케터가 되려면 무엇을 전공하는 것이 좋을까? 스포츠와 관련한 일이니 스포츠를 전공하는 것이 좋지 않을까? 단도직입으로 말하면 전공은 상관이 없다. 대학에서 무엇을 전공하더라도 누구나 스포츠마케터가 될 수 있다. 현역 스포츠마케터나 스포츠마케팅 회사 대표들의 전공도 제각각이다.

그렇다고 아무나 스포츠마케터를 할 수 있는 건 아니다. 여러 분야 지식과 경험을 쌓아두어야 한다. 굳이 대학 전공과목을 추천한다면 경영이나 마케팅을 공부하는 것이 유리하다. 스포츠마케팅 업무에서 요구하는 기본 지식을 사전에 학습하면 일을 이해하는 데 훨씬 도움이 된다. 경영이나 마케팅을 큰 틀에 놓고 바라보면 큰 그림을 그리기도 쉬워진다.

다음으로 추천하는 과목은 스포츠다. 깊이 있는 지식이 요구되는 건 아니다. 스포츠 이론이나 지식보다 산업의 원리와 흐름을 읽는 것이 중요하다.

 현역 스포츠마케터 중에는 대학에서 체육이나 골프를 전공한 사람이 제법 많다. 스포츠를 잘 알고 영업력이 있어서 스포츠 관련 전공자들에게는 도전할 만한 직업이다.

 한 가지 명심해야 할 것은 스포츠마케터라고 해서 스포츠가 메인은 아니라는 점이다. 스포츠는 어디까지나 마케팅 수단일 뿐이다. 마케팅을 제대로 이해해야 스포츠라는 유무형의 상품을 효과적으로 거래할 수 있다.

 경영이나 마케팅 전문가는 스포츠마케팅뿐만 아니라 다른 분야 마케팅팀장으로 영입되기도 한다. 그에 반해 스포츠 전문가는 스포츠마케팅 이외의 업종에서 마케팅팀장을 맡기 어렵다. 이점을 잘 생각해보면 스포츠마케팅의 업무 특성을 좀 더 쉽게 이해할 수 있을 것이다.

 스포츠마케터에게 필요한 업무 능력은 글쓰기와 외국어가 대표적이다. 때로는 대학 전공보다 이 두 가지 영역이 중요할 수도 있다.

 스포츠마케터 전체 업무에서 글쓰기는 상당히 많은 비중을 차지한다. 사람을 만나는 일을 제외하면 대부분 글 쓰는 일에 공을 들여야 한다. 기업에 보낼 제안서를 비롯해 언론사 배포용 보도자료, 각종 보고서·소개서, 대회·이벤트 시나리오 등 글쓰기 업무가 의외로 많다. 글쓰기가 서툰 사람은 스포츠마케터로서 상당한 어려움이 예상된다. 왼발 슈팅을 못 하는 축구선수와 비슷하다. 이와 관련한 영업 기밀은 4부에서 자세히 소개하겠다.

 프로야구는 공인대리인 자격시험이 있어서 합격자 중에는 변호사나

법을 전공한 사람이 많다. 자격시험에 합격했다고 해서 성공이 보장되는 건 아니다. 공인대리인은 에이전시 자격을 의미할 뿐이다. 그때부턴 영업력이 성패를 좌우한다. 공인대리인 자격을 얻은 후 2년 안에 단 한 명과도 계약하지 못하는 사람이 허다하다. 스포츠마케팅은 어디까지나 기획력과 영업력이다.

스포츠에이전시에서 일해보기

일할 준비가 되었다면 현장으로 나가보자. 스포츠마케터 일자리는 의외로 많다. 스포츠의류 유통 회사, 스포츠용품 유통 회사, 스포츠 종목별 단체, 프로 스포츠 구단, 스포츠에이전시 등이 주요 대상이다.

골프채와 골프공 등을 유통하는 회사에서 선수들을 대대적으로 후원·관리하기 때문에 스포츠마케팅팀이 별도로 운영된다. 타이틀리스트, 테일러메이드, 캘러웨이 골프, 핑 골프, 미즈노, 브리지스톤골프, 야마하 골프, 볼빅 등이 이에 해당한다.

스포츠나 골프 관련 업종이 아니라도 스포츠마케팅을 적극적으로 추진하는 회사도 있으니 꼼꼼히 살펴보기 바란다. 극소수지만 대기업이나 금융사에서도 스포츠마케터를 채용한다.

같은 스포츠마케터라도 회사마다 업무 특성이나 방향은 다르다. 당신이 어떤 업무를 맡게 될지 구체적으로 설명하기는 어렵다. 회사에서 스포츠마케팅 업무만 전담할지도 장담할 수 없는 일이다. 스포츠마케팅 업무는 많은 업무 중 한 가지가 될 수도 있다.

스포츠마케팅 회사 창업을 목표로 취업한다면 선수 매니지먼트와 스포츠대회를 대행하는 스포츠에이전시를 추천한다. 갤럭시아SM, 리앤에스스포츠, 세마스포츠마케팅, 스포츠인텔리전스그룹, 스포티즌, 올댓스포츠, 와우매니지먼트그룹, 지애드스포츠, 크라우닝 등이다. 이들 회사에 비하면 아직 작은 규모지만, 넥스트스포츠도 있다.

선수마케팅에 적극적인 골프 브랜드

브랜드	주요 사업
타이틀리스트	골프채	골프공	의류
테일러메이드	골프채	골프공	의류
캘러웨이 골프	골프채	골프공	의류
핑 골프	골프채	의류
미즈노	골프채	의류
브리지스톤골프	골프채	골프공	의류
야마하 골프	골프채
온오프	골프채	의류 (블랙앤화이트)

작은 회사가 더 좋다

선수와 대회는 스포츠마케팅 업무의 기본이자 핵심 소재다. 선수와 기업의 계약 관계를 알고, 대회나 행사에 대한 메커니즘을 이해하면 스포츠마케팅 기본 흐름은 익혔다고 볼 수 있다. 다수의 스포츠에이전시가 이를 통해 적잖은 수익을 창출하고 있다.

이노션, 대홍기획 같은 대기업 계열사에서도 스포츠마케팅 직원을 채용한다. 주로 모기업의 스포츠 행사나 마케팅을 대행한다. 비교적 안정된 환경에서 메이저급 스포츠마케팅을 경험할 수 있다. 연봉도 많은 편이다.

단점도 있다. 스포츠마케팅을 전체적으로 배우기가 어렵다. 업무 분담이 확실해서 당신이 경험할 수 있는 업무는 지극히 제한적이다. 더구나 연차가 낮으면 허드렛일이 돌아올 가능성이 크다. 큰 회사일수록 이 같은 현상이 두드러진다.

스포츠마케팅 회사 창업이 목적인 사람에게는 오히려 작은 회사에서 근무하는 것이 유리하다. 스포츠마케팅의 모든 업무를 경험할 수 있기 때문이다. 기획과 영업, 수금까지 회사에서 일어나는 일련의 수익 창출 과정을 눈앞에서 보고 듣고 배울 수 있다. 모든 업무를 주체적으로 할 수 있다는 점도 큰 장점이다.

실제로 작은 스포츠에이전시에서 근무하다 창업한 사람이 꽤 있다. 이들의 장점은 시장 흐름을 잘 읽고, 수익 창출 능력이 뛰어나다는 점이다. 무엇보다 모든 업무를 훌륭하게 해내는 멀티플레이어들이다.

스포츠마케터에게 **스펙 따위는 필요 없다?**

아직도 스포츠마케팅에 대해 궁금증이 풀리지 않았나? 그럴 수도 있다. 일은 하면서 익혀야 한다. 이론과 실전은 전혀 달라서 직접 부딪혀보지 않으면 업무의 메커니즘을 정확하게 이해하기는 어렵다.

대학 특강을 나가면 학생들에게 취업에 대한 질문을 많이 받는다. 자신들이 어떤 회사에 취업할 수 있는지 물어보는 학생도 많다. 취업이라는 높은 장벽과 미래에 대한 불안감이 그 질문 하나에 녹아 있다고 생각한다.

난 그 질문을 받았을 때 무척이나 씁쓸했다. 스포츠마케팅학과에서 공부하면서도 자신들이 사회에서 어떤 일을 할 수 있는지조차 알지 못한다는 말 아닌가? 학교에서 이론만 공부했지 현장 감각이 전혀 없고, 시장이 어떻게 돌아가는지 파악하지 못하고 있음을 짐작할 수 있다.

정말이지 명심하기 바란다. 국내 스포츠마케팅 회사 대표 중에서 당신의 학위와 스펙을 탐낼 사람은 많지 않다. 명문대 졸업생이나 유학파에 대한 가산점도 거의 없다고 보는 편이 좋다. 학위만 있으면 회사에서 모셔가는 시대는 이미 오래전에 끝났다는 말이다. 스포츠마케팅 업계에선 더하면 더했지 덜하지는 않다.

스포츠마케팅 회사에서 근무하고 싶다면 그 회사에서 원하는 인재가 되어야 한다. 그러려면 스포츠마케팅 회사의 특성을 잘 이해해야 한다. 스포츠마케팅 업무의 상당 부분이 기획과 영업이라는 점, 신입사원을 따로 교육할 여건이 아니라는 점 등이다. 지금 당장 현장에 투입할 수 있는 인재가 아니라면 채용을 꺼릴 가능성이 크다.

충격적으로 와닿을 수도 있다. 하지만 사실이다. 스포츠마케팅 회사의 관점에서 보면 당신이 열심히 쌓아온 스펙은 활용 가치가 많이 떨어진다.

그렇다고 지금 당장 나가서 돈을 벌어오라고 하지는 않을 테니 안심하라. 회사는 입사한 지 얼마 되지 않은 당신에게 큰 기대를 하지 않는다. 지금까지 내 경험으로 보아도 신입사원 대다수의 업무 능력은 기대에 미치지 못할 가능성이 크다. 명문대를 졸업한 사람이나 유학파나 지방 대학 출신이나 업무 능력엔 큰 차이를 발견하지 못한다. 다른 회사 대표들도 나와 의견 차이가 크지 않을 것으로 안다.

스포츠 관련 활동 경력을 늘려라

그럼 스포츠마케팅 회사에 취업하려면 무엇을 어떻게 준비하면 될까? 이력서에 회사에서 관심 가질 만한 내용을 적어야 한다.

현역 스포츠마케팅 회사 대표들에게 '신입사원 이력서를 볼 때 무엇을 관심 있게 보냐'고 물어보면 '현장 활동 경험'이라는 공통된 답변을 들을 수 있다. 위에서 설명했듯이 현장에 즉시 투입할 수 있는 인재인지 아닌지를 가늠하기 위해서다. 스펙을 쌓는 것도 좋지만, 현장 경험이나 활동 이력을 늘리는 것이 더 중요한 이유다.

이 시간 이후 이력서를 작성할 땐 스포츠 관련 활동 경력을 반드시 추가하기 바란다. 유학 경험만으로는 당신의 상품 가치를 높이기 어렵다. 외국 생활 중에 스포츠 관련 각종 인턴십 경험이 있다면 한 줄이라도 적는 것이 좋다.

유학 경험이 없더라도 스포츠대회나 이벤트 진행, 인턴 프로그램 참여, 아르바이트 같은 실무 경험이 있다면 더 높은 점수를 받을 수 있다. 스포츠 관련 동아리나 팬클럽·카페 운영·활동, 골프대회 마셜(경기 진행을 돕는 요원) 경험이라도 괜찮다.

흔한 일은 아니지만, 스포츠마케팅 회사에서 여자 프로골프선수 출신을 정직원으로 채용하기도 한다. 그것이 무엇을 의미하는지 곰곰이 생각해보라. 그들의 스펙은 당신 만큼 화려하지 않다. 학창 시절 성적도 당신만 못하다. 글쓰기와 문서 작성 능력이 좋은 것도 아니다. 그들의 장점은 선수나 관계자들과 친분이 있어서 쉽게 다가갈 수 있고, 현장의 흐름을 이해하고 있다는 점이다. 그야말로 즉시 전력으로서 손색이 없다. 현장 경험이 업계에서 얼마나 높은 점수를 받고 있는지 알겠는가?

회사에는 매일 수많은 이력서가 들어온다. 모든 이력서를 꼼꼼히 살펴보기는 어렵다. 눈에 띄는 이력서가 있어야 자기소개서까지 본다.

눈에 띄는 이력서를 만들기 위해서는 반드시 현장 경험과 활동 이력을 넣어야 한다. 현장 활동 경험이 전혀 없다면 낙제점이다. 지금부터라도 하나씩 경험을 쌓아가라. 경험이 쌓일수록 보이는 것이 늘어난다. 보이는 것이 많아지면 사업을 기획할 수 있는 기초체력이 생긴다. 없는 이력을 꾸며서는 안 된다. 한두 마디만 들어보면 거짓이 금방 드러난다.

이력서와 함께 사업기획서를 보내라

이력서에 스포츠 관련 활동 경력을 여러 개 적어넣었는데도 취업을 하지 못한 사람은 사업기획서를 만들어보자. 입사를 원하는 회사의 사업기획서를 파워포인트로 작성한다. 그러려면 그 회사나 브랜드에 대해 속속들이 알고 있어야 한다. 사업기획서를 작성하면서 그 회사 스포츠마케팅의 아쉬운 점이 무엇이고, 어떻게 하면 단점을 극복해 수익을 창출할 수 있는지 구체적인 방법을 기재해보자.

이력서를 제출하면서 사업기획서를 첨부하는 사람은 거의 없다. 이력서 내기에 급급하다. 어지간한 열정이 아니고선 불가능한 일이다. 분명히 가산점을 받을 일이다.

그렇다고 너무 큰 기대는 하지 말자. 이력서나 자기소개서처럼 읽히기도 전에 쓰레기통에 들어갈 수도 있다. 하지만 당신의 열정을 알아봐주는 회사는 반드시 나온다. 당신의 열정에 가치와 의미를 부여하는 회사로 가면 된다.

사업기획서를 보낼 때 주의할 점이 있다. 하나를 만들어서 여러 회사에 돌리면 안 된다. 혹시 뜨끔했는가? 지금부터는 절대 그러지 말기 바란다. 여러 회사에 돌리는 사업기획서는 누구라도 금방 알아차린다. 단체 문자 메시지로 온 신년 인사를 받아본 적이 있는가? 기분이 어땠나? 나에게만 보낸 정성스러운 문자 메시지라며 기뻐할 사람은 거의 없을 것이다. 그냥 성가시다. 그래서 답장도 하지 않는다. 그것과 똑같다. 힘들더라도 회사마다 맞춤형 사업기획서를 따로 만들어라. 그것이 열정이고, 진심이다.

채용공고만 기다리지 마라

기업의 채용공고만 기다리지 마라. 모든 준비를 마쳤다면 원하는 회사에 이력서를 보내고 확인 전화를 걸어보자. 정직원을 채용하지 않는다면 인턴이라도 뽑는지 물어보라. 인턴이라도 일만 잘하면 정직원이 될 수 있다. 실제로 그런 사례가 종종 있다.

이력서와 사업기획서를 보낸 후 회사에 전화하면 이메일 수신자와 전화 받는 사람이 다른 경우가 많다. 당신의 말이 이메일 수신자에게 전달되지 않을 수도 있다. 한두 번 전화해서는 안 된다. 여러 차례 전화해서 의견을 물어보라. 누구도 당신에게 스토커라고 하지 않는다.

거절당하는 걸 두려워해서는 안 된다. 스펙이 좋지 않으면 열정과 패기라도 있어야 한다. 이메일이 아니라 우편으로 보내는 것도 좋은 방법이다. 성의가 있어 보이고 이메일처럼 열어보지도 않고 쓰레기통으로 들어가는 일도 방지할 수 있다. 그 기업만을 위한 맞춤형 사업기획서까지 첨부했다면 관심을 가질 수밖에 없다. 당신의 채용 확률은 틀림없이 높아진다.

이력서와 사업기획서를 제출한 회사가 큰 기업이라면 채용 인원이 여러 명일 수 있다. 큰 기업에선 스펙을 중시하는 풍토가 여전하다. 그렇다 해도 한 명 정도는 깡과 끼가 있는 사람을 채용할 수도 있다. 안심하고 밀어붙여라. 이후는 하늘의 뜻에 맡기자.

골프공 회사 마케팅부장으로 근무했을 때의 일이다. 아침에 출근해보니 회사에 이력서 한 통이 들어와 있었다. 첨부파일은 이력서와 자기소개서 외에도 한 개가 더 있었다. 파워포인트로 작성된 사업기획서였다. 문서를 열어본 순간 꼼꼼히 보고 싶은 마음이 없어졌다. 문서가 허접했고, 사업 기획도 구체적이지 않아서 현실성이 떨어져 보였다.

며칠 뒤 같은 사람으로부터 똑같은 이메일이 들어왔다. 거들떠보지도 않았다. 이후에도 똑같은 이메일이 계속 들어왔다. 2년 동안 그에게 받은 메일이 4~5통이었던 것으로 기억한다. 마지막에 받은 이력서는 정성이 갸륵하다는 생각에 다시 열어보게 됐다. 내용이 크게 좋아지지는 않았으나, 최소한의 열정은 느껴졌다. 나름의 고민한 흔적도 발견할 수 있었다. '이 정도 열정이면 무엇을 못하겠나'라는 생각이 들었다. 그를 정직원으로 채용했다.

인재는 어디 가도 인정받는다

열정과 패기가 넘치는 사람은 어디에 가도 인정을 받는다. 반드시 대기업이나 높은 연봉만을 고집하지는 마라. 당신이 실력만 갖춘다면 어떤 회사라도 당신의 능력을 탐한다.

스포츠마케팅 회사는 아니지만, 스포츠대회 시행사에서 경력을 쌓는 것도 괜찮다. 스포츠대회 시행사는 대회 진행에 필요한 모든 시설물을 제작·설치하는 회사다. 광고 보드도 여기에 포함된다.

골프 대회장에 설치된 장치장식물. 시행사는 대회 전에 모든 장식장식물을 설치해야 한다.

스포츠 대회장 시설물 설치는 대회를 준비하는 데 있어서 대단히 중요한 과정이다. 스포츠마케터 중 대회장 시설물에 대해 깊이 아는 사람은 거의 없어서 스포츠에이전시에서 시행사 직원을 스카우트하기도 한다. 시행사 출신 스포츠마케터는 주로 대회팀 일원으로 일하는데, 대회장 시설물에 대해 깊이 아는 것이 큰 장점이다.

국민체육진흥공단 같은 공기업에서도 스포츠와 관련한 인력을 뽑는다. 국민체육진흥공단 홈페이지 채용정보를 보면 관련 채용공고가 올라올 때도 있으니 수시로 확인하자. 체험형 청년인턴이나 경륜 심판보

조·경정 휴직 대체인력, 체육지도자 연수 조교 일용계약직, 체육진흥팀 일용계약직 등 다양한 공고가 올라온다. 신청서 양식을 내려받아 작성한 후 접수하면 된다. 근무 기간은 1년 미만이지만, 현장 경험을 쌓을 수 있으니 도전해볼 만한 가치가 있다. 스포츠잡알리오 같은 스포츠산업 채용 사이트를 검색해보는 것도 도움이 된다.

국민체육진흥공단 사이트.

취업한 회사에서 **이것은 반드시 챙겨라!**

　　　　　창업에 뜻을 품고 스포츠마케팅 회사에 취업했다면 어떻게 일해야 좋을까? 성실하게 열심히 일하는 건 당연한 일이다. 계획도 목표도 없이 성실하게 열심히 일만 하면 잘 될 것이라는 생각은 위험하다. 확실한 계획과 목표를 세워놓고 업무에 임해야 한다. 맹목적으로 일만 하면 적절한 창업 시기를 놓치거나 창업을 포기하고 월급쟁이에 만족한 채 살아갈 가능성이 크다.

　월급쟁이가 나쁘다는 건 아니다. 좋아하는 일을 하면서 안정된 생활을 누릴 수 있다면 축복받은 삶이다. 내가 지적하고 싶은 건 계획적이지 않은 생활 속에선 당초에 목표했던 큰 뜻을 펼칠 수 없다는 뜻이다.

　먼저 회사에서 몇 년간 근무할 것인지 큰 틀에서 계획을 세우자. 3년을 근무할 것인지, 5년을 근무할 것인지를 결정한 뒤 연 단위 계획을 세운다. 연간 계획까지 구체적으로 세웠다면 이번에는 월간 계획을 짜보

자. 이렇게 월간 계획까지 촘촘하게 짜놓으면 창업을 위한 준비가 매달 계획대로 잘 진행되고 있는지 점검하기 쉽다. 모든 과제는 완벽하게 수행해서 계획에 차질이 발생하지 않도록 하자.

다음으로 중요한 건 업무 진행 순서다. 입사 후 가장 먼저 무엇을 해야 할까? 처음부터 대외적으로 활발하게 활동하며 기업 담당자들을 알아가면 될까? 그럴 수 있다면 좋겠지만, 그건 순서가 아니다. 너무 서두르지 말자. 천 리 길도 한걸음부터다.

A스포츠마케팅 회사의 조직도

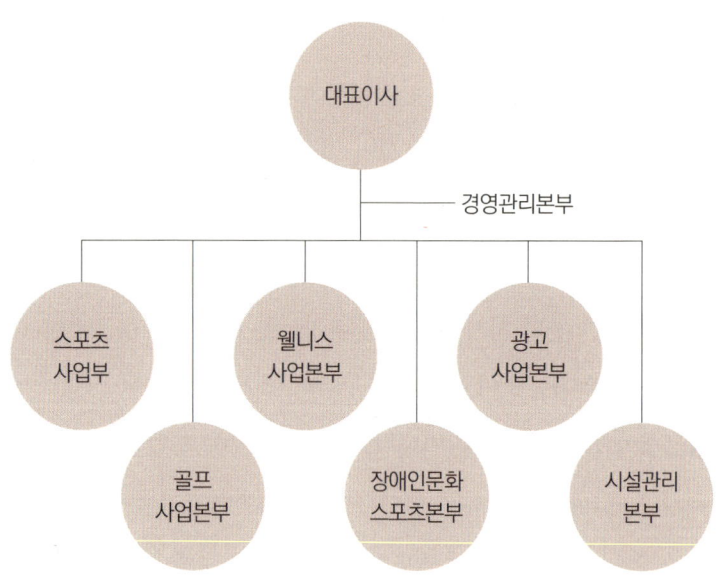

가장 먼저 조직을 익혀라

당신이 회사에 입사해서 가장 먼저 해야 할 일은 다름 아닌 조직을 익히는 일이다. 여기서 조직이란 조직 구조와 구성원, 업무 체계 따위를 말한다. 조직을 알아야 인간관계가 원만해지고 회사 생활도 편하게 할 수 있다.

만약 조직을 모른 채 업무에만 열중하면 인간관계에 결함이 생길 수 있다. 타 부서(팀)와의 협업도 어려워진다. 장기적인 관점에서는 자기 발전에 전혀 도움이 되지 않는다. 직장에서 대인관계가 원만하지 않은 사람은 회사를 오래 다니고 싶어도 오래 다니지 못할 수 있다. 더구나 창업이 목적이라면 회사 조직을 속속들이 파악해야 한다.

회사 구성원은 말단부터 최고 책임자까지 모두 알아가자. 그래야 결재 과정과 보고 체계를 정확하게 파악할 수 있다. 급한 업무 처리가 필요할 때는 곧바로 최고 책임자에게 보고하거나 결재를 받을 수 있어야 한다.

여기서 주의할 점이 있다. 직장 생활을 하다 보면 결재나 보고과정이 매끄럽지 않아 여러 사람 기분을 상하게 하는 직원이 있다. 다음 주 출장과 관련해서 직속 상사에게 보고하지 않고 사장에게만 보고하는 경우가 하나의 예다.

이런 사람은 대개 "사장님께 말씀드렸는데요"라는 말이 모든 문제를 해결해줄 것이라고 믿는다. 그렇지 않다. 직장에선 모든 일에 절차가 있다. 그 절차를 순서대로 밟지 않으면 반드시 불협화음이 일어난다. 여러 사람 업무에도 차질을 빚을 수 있다. 부득이한 상황이 아니면 최고 책임자에게 곧바로 보고하는 일은 피해라.

회사는 갓 입사한 당신에게 업무적으로 큰 기대를 하지 않는다. 당신이 신입사원이든 인턴이든 상관없다. 새로 들어온 직원이 업무에서 뛰어난 활약을 펼칠 것이라는 기대는 누구도 하지 않는다. 의욕을 가지고 일하는 것은 좋지만, 지나치게 욕심을 부리지는 마라. 그보다 조직 구성원과 소통하면서 배우려는 자세를 보이는 것이 중요하다.

조직을 익혔다면 당신이 맡은 업무에 집중해도 좋다. 단, 업무를 편식해선 안 된다. 당분간 당신 업무에 충실하되 주변 사람들의 업무에도 관심을 가져야 한다. 당신 업무에만 집중하면 일을 배우는 데 그만큼 시간이 걸린다. 처음엔 한 가지 업무도 벅차겠지만, 여유가 생길 때마다 주변을 돌아보자. 회사에서 일어나는 모든 상황을 파악하고, 회사에서 이루어지는 모든 업무를 익히자. 회사에서 추진하는 모든 사업에 참여하겠다는 마음가짐을 가져라. 그것이 창업으로 가는 지름길이다.

"제가 도와드릴 일 없나요?"

직장 생활을 처음 시작하면 낯선 것이 많다. 하나부터 열까지 모든 것이 낯설고 익숙하지 않다. 업무에 익숙해지기까지 어느 정도 시간이 걸린다.

그렇다고 시키는 일만 하는 사람은 높은 점수를 받지 못한다. 어느 정도 여유가 생기면 상사나 주변 사람들에게 "내가 도와드릴 일 없나요?"라고 말해보라. 그 순간 모든 사람이 당신을 다른 사람으로 보게 된다.

"지금 하는 일도 많은데, 진짜 일을 시키면 어떻게 하지?"라는 생각에 망설이는 사람이 있다면 너무 부담 가질 필요는 없다. 신입사원이나 인턴이 이런 말을 했다고 해서 기다렸다는 듯이 일거리를 떠넘기는 사람은 거의 없다. 일거리를 떠안더라도 당신은 그보다 더 중요한 것을 얻었으니 남는 장사를 한 셈이다.

사장은 신입사원이나 인턴이 이런 식으로 말을 걸어오면 흐뭇해한다. 사장은 의외로 외로운 존재다. 그런데 한 가지 중요한 걸 놓쳐선 안 된다. 당신도 언젠가는 사장이 된다는 점이다.

그럼 냉철하게 판단하자. 당신이 사장이라면 당신 같은 직원을 좋아하겠는가? 난 아니다. "도와드릴 일 없나요?"라고 묻는 것은 업무 진행 상황을 제대로 파악하지 못하고 있다는 뜻이다. 만약 업무 진행 상황을 제대로 읽고 있다면 "제가 ○○ 일을 맡아서 할까요?"라고 말해야 한다. 사장은 시키는 일만 하는 사람보다 자신이 할 일을 미리 알아서 움직이는 직원을 더 좋아한다. 가까운 미래에 사장이 될 생각이라면 좀 더 능동적으로 움직여라.

기업 · 업계 담당자 명함 모으기

직장 생활을 하는 중요한 이유 중 하나가 인적 네트워크를 쌓기 위해서다. 직장 생활을 하지 않으면 기업 마케팅 담당자나 스포츠의류 · 용품 회사 담당자들을 만날 기회가 거의 없다. 직장 생활을 하는 동안 가능하면 많은 사람과 만나 친분을 쌓아야 한다.

인적 네트워크 구축도 처음부터 구체적인 목표를 세워두는 것이 좋다. 예를 들어 한 달에 10명 이상, 1년이면 120명 이상의 사람과 친분을 쌓는 것이다.

하지만 사람과 친해지는 일이 쉽지는 않다. 성격이 내향적이어서 사교적이지 못한 사람에게는 더 어렵다. 친분 쌓기는 고사하고 사람 만나는 일 자체를 꺼리는 사람도 있다. 이런 사람들은 유능한 스포츠마케터가 되기 어렵다.

방법이 없는 건 아니다. 단점을 극복하려는 노력이 뒤따른다면 충분히 가능하다. 사교성이 부족한 사람들에게 내가 추천하는 방법은 기업이나 업계 담당자 명함 모으기다.

예를 들어 일주일에 20장 이상의 명함을 모아서 정리해보자. '명함 20장 모으기'라는 목표를 세워놓고 일하면 동기부여가 생긴다. 매주 20장 이상의 명함을 모아야 하기에 사람을 만나기 싫어도 만날 수밖에 없다. 미션을 완성하면 보람이 있고 재미도 쏠쏠하다.

'명함 모으는 것이 무슨 의미가 있냐'고 말할 사람도 있지만, 명함을 교환하려면 최소한 한두 마디 이상은 대화를 나누게 된다. 처음에는 간단한 인사만 나누고 어색한 분위기가 흐를 수 있으나, 이런 훈련을 반복하다 보면 처음 만난 사람과 어떤 대화를 어떻게 나눠야 할지 방법을 습득하게 된다.

단순히 명함을 교환하기 위해 만나는 사람은 아무도 없다. 사람을 만날 때마다 어떤 대화를 할지 고민을 하게 된다. 결국, 명함 모으기 미션을 제대로 수행하면 인적 네트워크와 대화의 기술 습득이라는 두 토끼를 동시에 잡을 수 있다. 대인관계에 어려움이 있는 사람이라면 시도해보기 바란다.

2부
스포츠마케팅 회사 차리기

사업에도 골든타임이 있다.
사업 준비를
완벽하게 하려고 하면
금쪽같은 시간이 흘러간다.
그러는 사이에 처음 가졌던
열정과 간절함에
균열이 생길 수 있다.
그 균열 사이로
자신감도 새어나간다.

창업 자본금, 얼마나 필요할까?

　직장인들에게 창업은 늘 화두다. 불안한 직장 생활과 불확실한 미래에 대한 최후의 보루는 소자본 창업이라고 생각하는 사람이 적지 않은 듯하다. 과거에 비하면 창업을 준비하거나 창업을 희망하는 연령대가 더 젊어졌다는 것을 피부로 느낀다. 우리 사회가 고령화되면서 나이가 들어도 일을 해야 한다는 인식 확산의 방증이 아닐까 생각된다. 나도 그런 생각 때문에 오랜 직장 생활을 접고 창업 전선에 뛰어들었다.
　하지만 막상 창업하려고 하면 겁부터 난다. 가진 돈은 없고, 사업은 해본 적이 없으니 불안감이 밀려드는 건 어쩌면 당연하다. '내가 할 수 있을까?', '실패하면 어떻게 하지?', '아직 모르는 게 많은데….' 창업을 머릿속에 떠올림과 동시에 혼란에 빠진다.
　이런 불길한 생각들이 머릿속을 점령하면 초조함을 넘어 무기력증까지 나타난다. 정말이지 아무것도 하기 싫어진다. 그래서 창업을 기약 없이 미루고 취업하거나 다니던 직장에서 월급쟁이에 만족해 살아간다. 나도 그랬다. 사회생활을 10년 넘게 한 직장인이라면 이와 비슷한 고민이나 경험을 한 번쯤은 해보지 않았을까 싶다.

정말 창업은 어려운 걸까? 사업하는 사람은 타고 나는 것일까? 지금까지 내 경험으로 미루어봤을 때 그렇지는 않은 것 같다. 나도 창업 전에는 직장 생활이 내 인생 전부라고 생각했는데, 막다른 길에서 창업을 해보니 새로운 길이 열렸고, 새로운 환경에 적응하는 힘이 생겼다. 사업하는 사람이 따로 있는 건 아니라는 게 내 결론이다.

1000만~2000만 원이면 성공 가능성 충분

많은 사람이 창업 앞에서 망설이는 이유는 돈 문제가 가장 크다. 창업이라고 하면 거창하게 생각해서 많은 돈이 들 거라 짐작한다.

과연 그럴까? 그렇지는 않다. 스포츠마케팅 회사는 비교적 소자본으로 창업할 수 있다. 과거에는 법인 설립 시 최소 자본금이 5000만 원은 있어야 했는데, 상법이 바뀌면서 자본금 제한이 없어졌다. 단, 자본금이 너무 적으면 사업자등록 단계에서 승인받지 못할 수도 있으니 참고하기 바란다. 최소 자본금은 100만 원 이상으로 잡자.

그럼 100만 원만 있으면 회사를 운영할 수 있을까? 불가능한 건 아니다. 문제는 회사에 매출이 발생할 때까지 무보수로 궁핍하게 일을 해야 한다는 점이다. 창업과 동시에 매출이 나오지 않는 한 100만 원으로 창업해 자리 잡기는 사실상 어렵다.

내가 권장하는 창업 비용은 1000만~2000만 원이다. 창업 전에 충분한 준비를 마치고 매출 전략만 잘 세우면 이 정도 금액으로도 큰 무리 없이 회사를 운영할 수 있다.

소자본 스포츠마케팅회사 최소 창업 비용

	지출 항목	금액 (원)
1	사무실 보증금	500만
2	집기	200만
3	노트북	100만~200만
4	프린터기	50만
합계		850만~950만

소자본 스포츠마케팅 회사 매월 고정 지출

	지출 항목	금액 (원)
1	사무실 임대료 (월세)	50만
2	인건비 (시간제 용역)	50만~100만
3	출장비	30만
4	활동비 (식비 커피 우편 주유)	70만
5	통신비 (휴대전화 인터넷)	10만
합계		210만~260만

사무실 없이 운영하면 창업 비용과 고정 지출을 줄일 수 있다.

정말 이 금액으로 가능할까? 충분히 가능하다. 한 가지 조건이 있다. 혼자서 회사를 차리고 대부분 업무를 혼자서 처리할 수 있어야 한다. 모든 업종이 그렇지만, 소자본 창업자는 만능 플레이어가 되어야 한다. 기업·선수와의 미팅은 물론이고 각종 문서 작성과 회계 업무도 혼자서 해내야 한다. 그렇게 하면 지출은 차량 유지비와 출장비(숙박비·교통비·식비), 통신료 정도에 그친다.

스포츠마케팅 회사를 최소 인원으로 운영하면 집기 구매에 들어가는 비용도 아낄 수 있다. 외근하며 사람 만나는 일이 대부분이어서 개인 차량과 노트북 정도만 있어도 회사는 돌아간다. 집에 있는 데스크톱을 활용해도 되지만, 외근이 잦은 업무 특성상 빠른 업무 처리를 위해 노트북은 필수다.

그 외에도 전화기와 프린터기, 팩스 등이 필요하다. 전화기는 휴대전화를 사용하면 되고, 팩스는 모바일팩스 앱을 내려받아 사용하면 팩스 개통 비용을 아낄 수 있다. 앱 스토어에서 모바일팩스를 설치하면 무료로 팩스 번호가 제공되기 때문에 명함에 적어넣어서 사용해도 된다. 모바일팩스는 실제로 기기를 설치하지 않아도 팩스를 받거나 보낼 수 있어서 요즘 1인 창업자들 사이에서 인기가 좋다.

한 번 더 강조하지만, 혼자서 스포츠마케팅 회사를 창업할 계획이라면 모든 면에서 지출을 줄이고 만능 플레이어가 되어야 한다.

다른 업종보다 창업이 쉬울까?

스포츠마케팅 회사는 유무형의 상품을 기획하고 거래한다. 제조업이 아니다. 순수하게 내 인맥과 아이디어만 있으면 거액의 매출도 올릴 수 있다. 갓 대학을 졸업한 사회 초년생도 도전할 만하다. 초기 투자 비용이 많지 않은 만큼 실패하더라도 손실이 적은 편이다.

다른 업종은 어떨까? 시작도 어렵지만, 재기는 더 어렵다. 정년 혹은 명예퇴직 후 단골 창업 아이템인 치킨집을 예로 들어보겠다. 프랜차이즈 치킨집을 동네에 차리더라도 1억5000만 원 정도는 든다. 가맹비와 가게 임대료, 시설·장비, 재료비 등으로 들어간다.

치킨집은 고된 노동을 매일 반복해야 하고, 한 사람 한 사람 응대하는 일인 만큼 육체적·정신적 스트레스가 심하다. 자리를 잡기도 어려워서 2015년 이후엔 매년 창업하는 가게보다 폐업하는 가게가 더 많아졌다.

비교적 자본금이 적게 든다는 출판사도 최소 3000만 원은 있어야 한다. 어느 정도 여유를 가지고 운영하기 위해서는 1억 원 이상이 필요하다. 개중에는 3억 원은 있어야 한다는 사람도 있다. 요즘 1인 출판사가 늘고 있지만, 결코 만만하게 덤빌 수 있는 업종이 아니다.

출판사 매출의 대부분은 책을 팔아서 올린다. 그러나 창업 후 1년 안에 단 한 권도 출간하지 못하는 출판사가 허다하다. 작가 섭외가 쉽지 않을뿐더러 1000만 원이 훌쩍 넘는 제작비를 충당하는 일도 막막하다. 한 달에 책 한 권도 안 읽는 사람이 다수인 요즘인지라 전망이 밝은 업종이라고 할 수는 없을 것 같다.

여러 업종과 비교해도 스포츠마케팅 회사 창업은 희망적인 면이 많다. 어쩌면 스포츠마케팅 회사를 창업하는 데 필요한 건 돈보다 기획력과 영업력일지도 모르겠다. 창업을 계획하고 있는 퇴직자와 직장인은 물론이고 대학을 졸업했거나 졸업을 앞둔 청년들도 용기를 내서 도전해 볼 만한 업종인 건 분명하다.

자본금과 성공 가능성은 비례할까?

성공을 낙관해선 안 된다. 소자본 창업자는 지출을 최소화하면서 회사를 효율적으로 운영해야 한다. 대부분 업무가 출장과 외근이기 때문에 회사가 어느 정도 자리를 잡을 때까지는 사무실 없이 운영해도 된다.

미팅이 많은 업무 특성상 사무실이 꼭 필요하다면 공유오피스를 활용하는 것도 하나의 방법이다. 공유오피스는 회의실·휴게실 같은 시설을 다른 사람들과 공유하는 공간 임대 시스템이다. 사무실 초기 투자 비용을 줄일 수 있어서 소자본 창업자에게는 장점이 많다.

집에서 일하면 업무 분위기가 조성되지 않는다. 나태해지기 쉽다. 공사의 구분도 모호해진다. 종일 일을 해도 왠지 모를 죄책감이 든다. 수험생들이 멀쩡한 집 대신 독서실이나 카페에 앉아 공부하는 이유도 비슷한 마음일 것 같다. 여러 사람이 함께 일하고 시설물을 공동으로 이용하는 불편과 보안에 취약할 수 있다는 점은 사전에 인지하고 있어야 한다.

자본금에 여유가 있다면 사무실을 단독으로 마련할 수 있다. 사무실 위치는 기업이 몰려 있는 강남이 가장 좋다. 굳이 서울이 아니라도 무관하다. 비교적 임대료가 저렴한 경기도 성남·하남·남양주·구리 같은 외곽 도시에 마련해도 된다.

많은 자본금으로 시작했다고 해서 성공확률이 높은 것은 아니다. 스포츠마케팅 회사를 창업하려면 3명은 있어야 업무 분담을 효율적으로 할 수 있다. 두 명은 대회장을 다니거나 선수 또는 기업 관계자와 만나 각각 다른 세일즈를 하고, 다른 한 명은 사무실에서 문서 작성이나 홍보 업무에 주력할 수 있다. 이렇게 하면 업무 효율성이 좋아져서 매출도 오를 것 같지만, 반드시 그렇지도 않다. 3명으로 창업했다면 3명이 모두 수익을 올려야 한다. 그렇지 않으면 업무 효율성은 좋아질지 몰라도 목표했던 매출을 올리기는 어렵다. 넉넉한 자본금이 바닥을 드러내는 건 순식간이다.

화려한 시작이 어두운 결말로 이어지는 경우도 많다. 강남에 좋은 사무실을 계약하고, 인테리어에 막대한 예산을 투입하면서 꼼꼼한 매출 전략을 세우지 않고 여러 사람을 채용했다면 초기 투자 비용을 뽑는 데 상당한 시간이 걸린다. 창업과 동시에 큰 수익을 내기는 어렵기 때문이다. 그동안 고가의 사무실 임대료와 인건비는 꼬박꼬박 새어나간다. 큰 매출이 나오지 않으면 회사의 존속은 누구도 장담할 수 없다.

좋은 사무실과 화려한 인테리어는 회사가 자리를 잡은 뒤에 해도 늦지 않다. 처음부터 타인의 시선을 의식하면서 보여주기식으로 회사를 운영하면 적자를 메우기 어렵다. 자본금과 성공 가능성은 절대 비례하지 않는다. 명심하기 바란다.

창업 준비부터 첫 매출까지

　　　　　회사 창업 전에는 준비할 것이 많다. 가장 먼저 어떤 방법으로 수익을 올릴지 고민해야 한다. 스포츠마케팅 수익 창출 방법은 무궁무진하다. 기존 회사들의 방식을 따라가도 되지만, 장기적으로 봤을 때는 아무도 가지 않은 길을 개척하는 것이 더 좋다. 새로운 길을 다지기까지는 힘이 들어도 사업이 성사되면 회사를 안정궤도에 올려놓을 수 있다.

창업 전 수익 아이템 준비하기

　수익 창출 아이템은 다양하게 준비하자. 수익 아이템을 어설프게 준비하고 창업한 사람은 절대 성공하지 못한다. 한두 가지 아이템만 준비하고 창업해도 마찬가지다. 사업 계획은 어디까지나 계획일 뿐이다. 실전에서 계획했던 대로 진행되는 경우는 없다. 언제 어디서 어떤 상황이 일어날지 알 수 없다.

준비한 아이템이 매출로 이어진다는 보장은 당연히 없다. 준비한 아이템이 전부 실패로 돌아가면 회사는 창업과 동시에 좌초 위기에 몰린다.

수익 창출 아이템은 구체적으로 많이 만들어야 한다. 그래야 그중 하나라도 매출과 연결될 수 있다. 회사는 어떻게든 매출이 나와야 굴러간다.

수익 아이템은 크게 두 가지로 나누어 준비하는 것이 좋다. 첫 번째는 곧바로 수익이 발생하는 아이템이다. 이것은 전면에 배치해서 창업과 동시에 빠르게 실행해야 한다. 소자본 창업자라면 말할 것도 없고, 어느 정도 여유를 가지고 창업한 사람이라도 비교적 단기간에 매출을 올릴 수 있는 아이템을 전면에 배치해야 한다.

어떤 회사든 매출이 발생하지 않으면 정상 운영되지 않는다. 창업 초기에는 단기간에 수익을 올릴 수 있는 아이템이 많아야 회사의 정상궤도 진입이 빨라진다. 모닥불을 피울 때 굵은 나무에 불이 붙을 때까지 나뭇잎이나 잔가지를 태우는 것과 같은 원리다.

두 번째는 중장기적인 아이템이다. 단기간 수익 아이템을 충분히 확보했다면 중장기적인 전략을 세워야 한다. 1년 이상 뒤를 바라본 수익 창출 아이템을 만들자. 예를 들어서 내년 혹은 내후년 가을에 스포츠대회나 이벤트 개최를 기업에 제안한다든지 기업에 스포츠팀 창단을 제안하는 일이다. 비교적 큰 그림이기 때문에 시간적 여유를 가지고 꼼꼼하게 기획해야 한다.

여기엔 종합적인 업무 능력이 요구된다. 소자본 창업자라도 큰 사업이 성사되면 기존 업체들과 어깨를 나란히 할 수 있다. 당신이 가진 모든 열정과 능력을 사업 기획에 쏟아부어라.

인적 네트워크 구축하기

중장기 수익 창출 아이템 기획까지 마쳤다고 해서 준비가 끝난 건 아니다. 아이템이 매출로 이어질 수 있는 인적 네트워크를 구축해야 한다. 아이템만 만들어 놓고 인적 네트워크와 관련 기업 정보를 파악하지 않으면 매출은커녕 사업을 시도해보지도 못하고 접어야 하는 사태가 벌어질 수 있다.

예를 들면 스포츠선수를 개별 후원하는 기업 담당자와의 소통이다. 만약 해당 기업에서 스포츠선수 후원 계획이 전혀 없다면 열심히 기획하고 제안해도 헛고생이다. 창업 초기엔 기업의 조직 구조와 예산 편성 정보까지 속속들이 파악하고 있어야 한다.

스포츠의류 업체나 용품업체 담당자들과 친분을 쌓아두는 것도 중요하다. 여기엔 두 가지 이유가 있다.

첫 번째는 소속 선수의 의류와 용품 후원을 받아야 하기 때문이다. 선수는 메인 후원사 외에도 의류나 관련 용품을 후원받아야 하는데, 몇몇 스타 선수가 아니면 후원이 보장되지 않는다. 업체는 주변 사람의 추천으로 후원선수를 결정할 가능성이 크다. 소속 선수들이 의류와 용품 후원에 불이익을 당하지 않도록 최대한 많은 사람과 친분을 쌓아두자.

두 번째는 스포츠대회나 행사 개최 시 후원 물품을 확보하기 위해서다. 스포츠에이전시를 창업하면 크고 작은 스포츠대회나 행사를 열게 된다. 그때마다 후원 물품을 모아야 하는데, 가능하면 많은 물품이 있어야 대회를 성공적으로 치를 수 있다. 만약 후원 물품이 부족하면 필요한 만큼 구매해야 한다. 예상치 못한 곳에서 지출이 발생한다.

스포츠마케팅 회사 창업 준비부터 첫 매출까지

창업 결심 → 인적 네트워크 구축 → 업계 동향 파악 ↓
각종 제안서 및 문서 작성 ← 중장기 수익 아이템 기획 ← 창업 초기 수익 아이템 기획
↓
사업자 등록 → 세일즈 → 첫 매출

인적 네트워크는 단기간에 구축할 수 없다. 오랜 기간 꾸준히 인맥을 쌓아야 한다.

　의류나 용품업체 담당자들과 친분이 두터우면 어떤 행사나 이벤트를 기획해도 부담감이 덜하다. 하지만 인적 네트워크는 단기간에 만들 수 없다. 창업 전에 충분한 네트워크를 구축하지 못했다면 창업을 미루는 것도 검토해봐야 한다.

사업자 등록하기

매출을 올릴 준비가 끝났다면 사업자등록을 하자. 사업자등록은 사무실(사무실이 없는 사업자는 집) 소재지 담당 세무서에서 한다. 세무서를 방문할 때는 사업하고자 하는 본인의 신분증과 도장(또는 자필 사인), 사업장 임대차 계약서를 준비한다. 사무실이 없는 사업자(무점포 사업자)는 등기부등본을 지참해야 한다. 대리인이 신청하려면 위임장이 필요하다.

회사 이름은 미리 정해놓고 세무서에 가는 것이 좋다. 회사 이름을 정한 뒤 대법원 인터넷 등기소(www.iros.go.kr)에서 같은 상호가 있는지 확인해보자. 같은 지역, 같은 업종에 같은 상호가 있으면 상호 등록이 안 될 수도 있다. 회사 이름도 정하지 않고 세무서를 방문하면 헛걸음할 수 있으니 주의하시라.

회사 이름은 당신이 회사에서 손을 놓을 때까지 함께해야 하니 신중하게 정하자. 거창한 이름이 아니라도 특별한 의미가 담긴 이름을 지어보는 건 어떨까.

나는 '현재보다 나은 미래를 스포츠로 열어가겠다'라는 뜻을 담아서 넥스트스포츠Next Sports라는 회사를 세웠다. '더 나은 스포츠, 더 나은 미래'가 캐치프레이즈다.

사업자등록을 하러 가면 먼저 사업자등록신청서를 작성해야 한다. 스포츠마케팅 회사는 업태에 '서비스업', 종목에 '매니저 업'이나 '스포츠 행사 기획'을 적어넣으면 된다. 스포츠마케팅 회사 업무는 다양해서 예상되는 비즈니스를 전부 적어도 무방하다.

예를 들어 업태에 '도매 및 소매업', '스포츠 및 여가 관련 서비스업'

을, 종목엔 '스포츠시설 운영업' 등을 추가로 넣어도 된다.

사업자는 개인사업자와 법인사업자가 있다. 창업 초기 매출이 많지 않을 경우는 개인사업자로 신청하는 것이 간단하다. 매출이 늘어나면 사업소득세율이 높아지기 때문에 법인사업자로 전환하는 것이 좋다.

궁금한 점이 있으면 세무서 담당 직원에게 물어보면서 진행하자. 사업자등록신청서 작성 시 알쏭달쏭한 항목은 물론이고 회사 운영과 관련한 질문을 해도 된다. 세금 안내 자료를 요청하는 것도 좋다. 1인 창업자는 창업 후 업무에 대한 궁금한 점을 물어볼 사람이 없으니 질문할 것들을 미리 준비해가라.

창업 후 명함 · 제안서 돌리기

사업자등록증은 사업자 신고 후 2~3일이면 나온다. 사업자등록증이 나오기 전에는 회사 로고를 만들고 명함을 제작해두는 것이 좋다. 명함이 있어야 세일즈를 할 수 있으니 서둘러서 준비해야 한다.

명함 제작에 많은 시간을 할애할 필요는 없다. 혼자서 창업하면 신경을 써야 할 것이 많아서 명함 제작 같은 사소한 업무에 품을 들일 여유는 없다. 나는 업무의 경중을 따져서 명함 제작엔 품을 들이지 않았다. 가장 일반적인 디자인으로 잘 보여야 할 항목만 눈에 띄도록 제작했다. 인터넷에서 찾아보면 수많은 명함 제작업체가 있다. 사업을 하다 보면 명함이 수시로 필요하다. 그래서 가장 빠르게 받을 수 있는 곳이면서 비용도 저렴한 곳과 거래하고 있다.

명함에는 대표이사라고 분명하게 새겨넣어라. 그렇게 해야 책임감과 부담감을 안고 시작할 수 있다. 부장이나 이사로 표기하는 사람도 있는데, 그럴 필요는 없다. 그렇게 한다고 해서 작은 회사가 커 보이지는 않는다. 어느 정도 눈치만 있어도 당신이 소자본 창업자라는 사실을 금세 알아챈다. 당당하게 대표로서 전면에 나서라. 당신만이 당신 회사를 지킬 수 있다.

명함까지 완성됐다면 정신없이 뛰어다닐 일만 남았다. 창업 전에 준비해둔 제안서를 기업에 전달하며 가능성을 타진해보자. 단 1%의 가능성이라도 놓쳐선 안 된다. 기업 담당자들과 상담하면서 그들이 무엇을 원하는지 파악하자.

많은 사람을 만났다고 해서 처음부터 매출이 올라가는 건 아니다. 창업 초기에는 100명을 만나도 성과를 올리기가 어렵다. 처음부터 큰 매출을 기대한다면 크게 실망하거나 좌절할 수도 있다. 창업 초기는 누구나 겪는 일이니 너무 실망할 필요 없다. 기업들이 엊그제 창업한 회사에 적지 않은 예산을 투자하기는 어려운 일이다. 기업들은 신생 회사 관찰 주기가 있는데, 대략 1~2년이다. 그 전에 스스로 무너지지 말아야 한다.

창업 시기가 회사의 명운을 좌우

창업 후 첫 매출은 언제쯤 올릴 수 있을까? 예비 창업자에게 첫 매출은 로망이다. 첫 매출을 시작으로 회사가 쑥쑥 커나가는 모습을 상상하면 입가에 웃음이 번진다.

그러나 막상 창업을 해보면 첫 매출이 얼마나 어려운지 실감하게 된다. 계획했던 일이 뜻대로 풀리지 않는 경우가 많다. 일이 하나둘 틀어지면 초조함이 밀려온다. 초조함은 업무 집중도와 자신감을 떨어트린다.

혼자서 스포츠마케팅 회사를 차린 A는 스타 선수 B와 매니지먼트 계약을 하기 위해 전라남도의 한 시골 마을까지 찾아갔다. 계약과 관련해서는 이미 구체적인 조율을 마쳤고, 사전 연락까지 했던 터라 몸은 피곤해도 마음은 가벼웠다. 한 손에는 B의 가족에게 감사의 마음을 전하기 위해 최고등급 한우 세트를 들고 있었다.

그런데 연락이 닿지 않았다. B는 물론이고 B의 가족과도 연락이 되지 않았다. 잠시 후 B의 아버지로부터 '계약할 수 없게 됐다'라는 청천벽력 같은 연락이 왔다. A는 '일단 만나서 이야기하자'라며 설득했으나 영문도 모른 채 거절당했다.

'세상에 이런 일이'가 아니다. 당신에게 이런 일이 벌어지지 않는다는 보장이 없다. 우리 주변 스포츠마케터들의 슬픈 현실이자 평범한 이야기다.

대체 왜 이런 일이 일어난 걸까? 공급이 늘어난 것이 가장 큰 원인이다. 선수 매니지먼트를 하는 스포츠마케팅 회사가 급증하면서 선수 영입 경쟁이 그만큼 치열해졌다. B와 그의 가족은 여러 회사를 저울질하며 가장 좋은 조건을 제시한 회사와 손을 잡은 것으로 보인다.

B에게 좋은 조건이란 무엇이었을까? 높은 몸값과 매니지먼트 환경이다. 후원받을 기업으로부터 많은 계약금을 받아낼 수 있는 회사가 첫 번째다. 선수에게 필요한 매니지먼트를 해줄 수 있는 회사가 두 번째다. 하나 더 추가하면 큰 회사다. 믿을 수 있고, 모양새도 괜찮다는 이유에서다.

이쯤 설명하면 소자본 창업자의 첫 매출이 얼마나 어려운지를 짐작할 수 있을 것이다. 선수는 여러 스포츠마케팅 회사와 교섭하면서 더 좋은 조건을 찾는다. 조금이라도 좋은 조건을 제시하는 회사를 고를 수 있으니 굳이 당신과 계약하지 않아도 된다. 기업도 창업한 지 얼마 지나지 않은 회사와의 거래를 꺼린다.

창업 후 첫 매출이 어렵다고 해서 뒤로 물러나선 안 된다. 창업 후 매출이 빨리 나오지 않으면 소자본 창업자는 회사를 이끌어갈 여력이 없어진다. 그래서 창업 전에 신중하게 고민해야 할 것이 창업 시기다. 창업을 언제 하냐에 따라 회사의 명운이 좌우될 수 있다.

창업 최적기는 스토브리그 직전

그렇다면 창업 시기를 언제로 잡는 것이 좋을까? 새해 새마음으로 창업을 하면 될까? 아니면 스포츠대회나 행사가 가장 많이 몰려 있는 봄이나 가을이 좋을까? 그것도 아니면 프로야구나 프로축구 같은 인기 스포츠 시즌 개막 전에 하는 것이 좋을까? 다 틀렸다. 내가 가장 이상적이라고 생각하는 창업 시기는 스토브리그 시작 전이다.

스토브리그는 스포츠 리그가 끝나고 다음 시즌이 시작되기 전 계약 갱신 기간이다. 보통 프로야구 용어로 사용되는데, 요즘은 거의 모든 종목에서 통용되고 있다.

스토브리그는 대부분의 프로 스포츠가 막을 내리는 10~11월에 시작된다. 프로야구, 프로축구, 프로골프 같은 여름 스포츠들이 이에 해당한다. 그러니 창업은 그에 앞서 9월에 하면 적당하다. 물론 창업 준비는 그 전에 충분히 이루어져야 한다. 선수 매니지먼트 사업이 아니라도 창업 후 곧바로 수익을 낼 수 있는 아이템이 있다면 그 시기에 맞춰서 창업하는 것이 좋다.

스토브리그엔 자유계약[FA]선수들이 시장에 매물로 나온다. FA는 소속팀을 선택할 수 없는 프로야구 선수들의 권익을 보호하기 위해 1999년부터 도입됐는데, 100억 원(4년 기준)이 넘는 선수가 나올 만큼 시장이 커졌다. 초대형 계약이 성사될 경우 선수 에이전시는 대행 수수료만으로

5억 원가량의 수익을 올릴 수 있다.

그러나 프로야구는 FA 선수가 많지 않고, 선수대리인 자격을 취득한 에이전시만이 권리를 행사할 수 있다. 소자본 1인 창업자가 처음부터 뚫고 들어가기엔 장벽이 높다.

스포츠 매니지먼트가 가장 활발한 종목은?

작은 스포츠마케팅 회사라도 승산이 있는 시장은 남녀 프로골프다. 프로골프는 선수 개개인이 기업 후원을 받는다. 계약 기간은 보통 1~3년으로 길지 않아서 시즌 종료 시점에는 FA 선수가 상대적으로 많다. 하부 투어에서 정규 투어 진입을 노리는 신인급 선수들까지 포함하면 선수 시장 규모는 더 커진다.

국내 프로골프는 여자 선수와 여자 대회가 인기다. 국내 여자프로골프 대회의 총칭을 한국여자프로골프^{KLPGA} 투어라고 부르는데, 매년 30개 이상의 대회가 열린다. 대략적인 시즌은 4~11월이지만, 3월이나 12월에 외국에서 열리기도 한다. 1~2월을 제외하면 거의 매달 대회가 열리는 셈이다. 대회당 총상금은 7억~10억 원이다. 15억 원짜리 대회도 있다. 이 대회 우승 선수는 2억7000만 원이나 가져간다.

여자골프 세계 최고의 무대는 미국이다. 과거 박세리, 김미현, 박지은 등이 활약했고, 지금은 고진영, 김효주, 박인비, 김세영 같은 한국 선수들이 맹활약하고 있다. 전 세계 최고 선수들의 격전장일 뿐만 아니라 투어 시스템이 훌륭하고 대회 상금도 가장 많아서 미국 진출을 꿈꾸는 한국 선수가 많다.

여자 프로골프 구단과 소속 선수 현황 (2021년 기준)

순	기업	선수(명)	순	기업	선수(명)
1	골든블루	6	26	우리금융그룹	3
2	교촌치킨	3	27	일화 맥콜	2
3	나이키	1	28	지티지웰니스	3
4	넥시스	4	29	참좋은여행	3
5	노그노플렉스	2	30	카카오 VX	1
6	대방건설	9	31	케이드라이브	3
7	대열보일러	2	32	큐캐피탈 파트너스	4
8	대우산업개발	4	33	페퍼저축은행	5
9	대한토지신탁	1	34	하나금융그룹	6
10	도휘에드가	13	35	하이원리조트	7
11	동부건설	6	36	하이트진로	2
12	동화주택	1	37	한국토지신탁	5
13	롯데	6	38	한화큐셀	8
14	만수정	3	39	휴온스	4
15	메디힐	6	40	BC카드	3
16	문영그룹	3	41	bhc	1
17	미코-엠씨스퀘어	3	42	BNK	6
18	범한퓨얼셀	1	43	CJ ONSTYLE	2
19	부민병원	1	44	DB손해보험	2
20	삼일제약	4	45	DS이엘씨	1
21	삼천리	5	46	KB금융그룹	5
22	세티나인	3	47	MG새마을금고	1
23	신협	4	48	NH투자증권	5
24	에스와이	1	49	SBI저축은행	5
25	요진건설산업	4	50	SK네트웍스	5
합				188	

최근에는 한국 선수들의 기량이 좋아지면서 LPGA 투어 각종 타이틀을 휩쓸고 있다. 한국 선수들의 높은 경기력은 골프 팬들의 관심과 기업

의 과감한 투자로 이어졌다.

기업들의 골프 마케팅은 날로 적극성을 띠고 있다. SK, 롯데, 한화 같은 대기업은 매년 KLPGA 투어 대회를 개최하면서 선수들을 개별 후원하고 있다. KB금융그룹, 하나금융그룹 같은 금융권에서도 골프 마케팅에 매년 적잖을 예산을 투입한다.

KLPGA 투어 신인 선수의 연간 계약금은 최소 5000만 원이다. 한 명만 계약을 성사시켜도 500만~1000만 원의 중계 수수료를 번다. 최소한 회사가 움직일 수 있는 동력은 마련된다.

프로골프 시장이 커지면서 에이전시 경쟁도 치열해졌다. 정규 투어와 스타 선수 영입에만 몰두하던 관계자들의 시선은 하부(2~3부) 투어와 신인급 또는 중하위권 선수들에까지 향하고 있다.

국내 남녀 프로골프는 매년 11월에 시즌 마지막 대회를 치른다. 성적 부진으로 내년 시즌 출전권을 잃은 선수와 정규 투어 진입을 노리는 하부 투어 선수들은 시드전(다음 시즌 대회 출전권을 놓고 경쟁하는 비공인 대회) 성적에 따라 다음 시즌 운명이 결정된다. 선수가 시드만 따내도 상품성이 올라가기 때문에 시드전 대회장에서도 스포츠마케터들의 선수 영입 경쟁이 뜨겁다.

만약 이 시기에 수익을 창출하지 못하거나 창업 시기가 늦어지면 다시 1년을 기다려야 한다. 1년 동안 매출이 발생하지 않을 수도 있다. 소자본 창업자는 회사 운영이 어려워진다. 스토브리그는 어떻게든 사수해야 한다.

스포츠마케팅 사업, **나도 할 수 있을까?**

창업을 결심한 뒤 많은 사람과 이야기를 나눴다. 스포츠마케팅 회사를 차려서 잘 키워보겠다는 포부를 여러 사람에게 밝혔다. 스포츠마케팅은 대학 졸업 후 줄곧 해왔던 일이고, 인적 네트워크도 어느 정도 축적된 상황이어서 충분히 해볼 만하다는 계산이었다.

오랫동안 직장 생활이 전부라고 여기던 내가 창업을 결심한 결정적 계기는 '내 일'에 대한 욕구였다. 무엇을 하더라도 내 것으로 추진하고 싶었다. 어느 시점에선가는 '직장 생활은 아무리 열심히 해도 남의 일'이라는 생각마저 들기 시작했다. 그런 생각 때문인지 일을 해도 성취감이나 보람은 많지 않았다. 그때부터 '작더라도 내 것을 키워보고 싶다'라는 생각을 했다. 요즘 직장인들은 영혼까지 팔아가며 영업을 한다는데, 그런 열정이라면 무엇을 못 하겠는가. 성공할 수 있다는 확신은 점점 더 커졌다.

한 살 한 살 나이 들어가는 것도 부담이 됐다. 직장 생활을 평생 할 수 있는 것도 아니고 언젠가는 좋든 싫든 회사를 떠나야 한다. 그때를 대비해서 한 살이라도 젊을 때 내 일을 시작하는 것이 낫다고 판단했다.

내 이야기를 들은 사람들의 반응은 크게 두 부류였다. 부럽다는 반응을 보인 부류와 걱정하는 부류였다. 부럽다는 사람들은 '부럽다'라는 말과 함께 '축하한다'라는 말을 덧붙였다. 성공을 낙관하는 듯했다.

반면에 걱정하는 부류 사람들은 '요즘 같은 불경기에 쉽지 않을 텐데…'라며 비관적인 시각으로 바라봤다.

두 부류에 공통점이 없는 건 아니다. '나도 창업은 해보고 싶은데…'라는 막연한 기대감은 두 부류 사람들이 공통으로 품고 있었다. 낙관적으로 보든 비관적으로 보든 창업을 해보고 싶은 마음은 누구에게나 있었던 모양이다. 하지만 그날 이후 창업 전선에 뛰어든 사람은 나뿐이었다. 나를 따라 창업한 사람은 단 한 명도 없었다.

왜 그럴까? 수없이 많은 이유가 있었을 것이다. 그 많은 이유 가운데 내 뇌리에 강력하게 남아 있는 한마디가 있다. '난 사업 체질이 아니라서…'라는 말이다.

나 역시 창업 전까지만 해도 사업가적 기질이 없다고 생각했다. 사업가적 기질이라고 하면 배짱이 두둑해서 약간의 사기성도 있어야 한다는 것이 내 생각이었다. 만약 이런 사람만 사업을 할 수 있다면 나는 사업을 해서는 안 될 사람이었다. 배짱이 좋다는 말을 들어본 적이 없고, 가난한 집에서 태어나 월급쟁이로 살아온 터라 큰돈이라고 하면 겁부터 났다.

아무래도 이건 사업가적 기질로 정의하기엔 부적합한 것 같다. 드라마 속에서나 존재할 법한 사업가의 이미지다. 거의 모든 일을 혼자서 해결해야 하는 소자본 창업자들과도 상당한 거리감이 있어 보인다.

솔직히 말하면 난 아직도 사업가적 기질에 대해 잘 모른다. 작은 스포츠마케팅 회사 대표로서 당신에게 들여줄 수 있는 이야기는 스포츠마케터가 갖춰야 할 조건 정도가 아닐까 생각한다. 스포츠마케터의 자격이면서 스포츠마케팅 회사 운영자에게 요구되는 조건으로 생각하면 좋을 것 같다. 당신이 스포츠마케터로서, 또는 스포츠마케팅 회사 운영자로서 자격이 있는지 아랫글을 보며 진단해보기 바란다.

신뢰할 수 있는 사람

신뢰는 스포츠마케터의 가장 중요한 조건이다. 업무 대부분이 영업인 스포츠마케팅은 '신뢰로 시작해서 신뢰로 끝난다'라고 해도 과언이 아니다.

스포츠마케팅은 기업과 선수 사이에서 큰돈 거래가 이루어지는 일이 많다. 기업은 적게는 수천만 원, 많게는 수십억 원을 투자한다. 흔치 않은 일이지만, 100억 원 이상의 거래도 이루어진다.

투자 규모가 크다 보니 기업은 신뢰할 수 없는 사람과 절대 거래하지 않는다. 잘못된 투자는 기업 이미지에 타격을 줄 수도 있다.

선수들에게 믿음을 주는 것도 중요하다. 선수는 기업과의 계약으로 자신의 진로와 인생이 달라진다. 자신의 인생이 걸린 결정을 신뢰할 수 없는 사람과 함께할 선수가 어디 있겠나.

스포츠마케터로서 신뢰는 너무나도 중요하다. 기업과 선수에게 신뢰

받지 못하는 사람은 스포츠마케터를 해선 안 된다. 다른 일을 찾아라.

기획력과 영업력이 뛰어난 사람

스포츠마케팅에서 기획은 상품을 만들고 포장하는 일이다. 영업은 상품을 판매하거나 거래하는 일을 말한다. 어찌 보면 둘은 전혀 다른 영역이다. 스포츠마케팅에서는 한 몸이라고 생각하는 게 좋다. 더군다나 소자본 창업자라면 고민할 여지가 없다. 열심히 기획하고 열심히 영업해야 한다. 기획력만 있고 영업력이 없다면 실적으로 이어지지 않는다. 반대로 영업력은 있으나 기획력이 떨어져도 곤란하다.

예를 들어 '소속 선수를 어떻게 포장하고 의미를 부여할 것인가'는 기획이다. 기획을 잘하려면 소속 선수의 장단점을 잘 파악하고 있어야 한다. 단점을 장점으로 승화시키는 기술도 필요하다. 선수의 경기력이 떨어지더라도 많은 팬을 보유한 선수라면 그 부분을 어필할 필요가 있다. 그것을 잘 포장해서 팬과 기업의 관심을 끌어내는 것이 스포츠마케터가 할 일이다.

무작정 아무 기업에 제안서를 들이밀어서는 안 된다. 그 선수에 관심을 가질 만한 기업을 선별해서 맞춤형 제안을 해야 한다. 기업마다 브랜드 개성이 다르고 선호하는 선수도 제각각이다. 선수와 기업의 이미지가 잘 맞는지 선제적으로 판단하는 사람이 스포츠마케터다.

이러한 능력을 키우기 위해서는 눈에 보이지 않는 것까지 보는 연습을 해야 한다. 야구경기에서 결과나 경기 내용만 보는 사람은 스포츠마케터로서 낙제점이다. 그날 경기에 관중이 얼마나 입장했고, 경기장 안

밖에서 관중의 눈길을 사로잡은 상품은 무엇인지, 또는 관중을 열광케 한 선수가 누구이며, 팬들의 응원 문화는 어떻게 바뀌고 있는지 등을 분석할 수 있어야 한다.

팬과 기자들의 대화에 귀를 기울이는 것도 중요하다. 팬들이 열광하는 선수는 기자들도 관심을 가진다. 그만큼 많은 기사가 나갈 가능성이 크다. 그렇게 흥행이 되는 선수는 성적과 상관없이 시장에서 높은 가치로 인정받는다. 현장의 목소리에 귀를 기울이자. 그곳에서 새로운 아이디어가 나올 수 있다.

창의적인 사람

창의력이 없는 사람은 훌륭한 스포츠마케터라고 할 수 없다. 스포츠에이전시 창업을 계획하고 있다면 명심해야 한다.

스포츠마케팅 시장은 경쟁이 치열하다. 기존 회사에서 하는 방식을 그대로 따라가서는 수익을 올리기가 어렵다. 수익을 올리더라도 기존 시장에서 타사와 나눠 가져야 한다. 높은 수익은 기대할 수 없다.

창의력 없는 기획으로 영업하면 아류로 인식돼 기업으로부터 높은 점수를 받지 못한다. 타사의 견제를 받을 수도 있다. 새로운 아이디어로 새로운 사업을 기획하지 않으면 시장에서 살아남지 못한다.

창의적인 기획은 누구나 환영한다. 기업에 창의적인 사업을 제안하면 당신을 대하는 태도가 달라진다.

기존에 없던 스포츠대회나 이벤트를 기업에 제안해보자. 참신한 아이템을 찾던 기업들은 적극적으로 검토할 가능성이 크다. 기존에 없던 기획이기 때문에 경쟁 기업에 빼앗기지 않으려고 할 것이다. 그 사업이 성사된다면 큰 수익을 올릴 수 있다. 당연히 당신의 회사 이미지도 올라간다.

골프대회를 예로 들어보겠다. 미국 여자 대표팀과 한국 여자 대표팀의 국가 대항전을 기획한다고 치자. LPGA 투어엔 1990년에 창설된 솔하임컵이라는 이벤트 대회가 있다. 미국과 유럽의 여자프로골프 대항전이다.

이 대회는 미국과 유럽이 전 세계 여자골프를 양분하던 시절에 창설됐기 때문에 시대적으로 뒤떨어져 보인다. 여자골프 세계 최강은 누가 뭐래도 대한민국이다. 한류와 접목해 한국과 미국에서 번갈아 대회를 여는 방식으로 기획해보자. 후원 기업만 잘 섭외한다면 전 세계인의 이목을 집중시키는 이벤트 대회가 될 수 있다.

또 하나의 예로서 선수 매니지먼트와 관련해서 내 경험을 이야기해 보겠다. 하이원리조트는 매년 골프 마케팅에 많은 돈을 투자한다. 프로 골프선수를 개별 후원하고, 매년 여름 여자프로골프 대회를 연다. 그런데 후원선수가 강원도 출신이어야 한다는 조건이 있다. 하이원리조트의 오랜 전통처럼 되어 있었다. BNK저축은행이 부산·경남, 제주삼다수가 제주도 출신 선수만 후원하는 것과 같은 전략이다.

내 의견은 조금 달랐다. 하이원리조트는 강원도 정선군에 있는 복합리조트다. 강원도민만 이용하는 시설이 아니다. 강원도라는 좁은 울타리에서 벗어나야 글로벌 리조트로서 성공할 수 있다는 것이 내 의견이었다. 그래서 강원도 선수가 아닌 다른 지역 유망한 선수후원을 제안했는데, 실제로 계약까지 성사됐다. 그 선수는 계약 2년째인 2021년 하이원리조트에 깜짝 우승을 안겼다. 그 선수가 무명에서 신데렐라가 된 곽보미다.

지금까지 스포츠마케터의 필요충분조건 세 가지를 알아봤다. 위 세 가지는 스포츠마케터로서 반드시 갖추어야 할 자질이다. 조금 더 욕심을 내자면 꼼꼼함과 분명한 목표의식, 성실성도 스포츠마케터로서 훌륭한 무기다.

초심을 잃지 않는 것도 중요하다. 초심을 잃지 않고 꾸준히 사업하다 보면 주변에서 인정해주는 날이 온다. 대략 3~4년이 지난 시점에선 당신을 바라보는 시선이 달라졌다는 것을 느낄 수 있을 것이다. 거절당하더라도 포기하지 마라. 부족한 것이 있으면 수정하고 보완해서 다시 제안하자.

당신이 스포츠마케팅을 **하면 안 되는 이유**

사업에 실패하고 싶은 사람은 아무도 없다. 누구나 성공을 원한다. 그런데 예비 창업자들에게 자주 나타나는 막연한 두려움은 순수한 열정을 무너트린다. 잘해야 한다는 마음은 간절함으로, 간절함은 부담감으로 변질되기도 한다. 부담감이 늘어나면 무기력증으로 발전해 당신을 괴롭힐 수도 있다. 무기력증이 오래 가면 "맞아, 난 아직 준비가 안 됐어"라는 결론을 내리며 무기력증 앞에 무릎을 꿇고 만다. 우리 주변엔 이런 사람이 꽤 많은 것 같다.

준비가 덜 됐다는 건 무슨 의미일까? 자본금이 부족하다고 느낀 걸까? 시장을 분석하는 데 시간이 더 필요하다는 뜻일까? 그것도 아니면 자신감 상실일까? 각자 나름의 이유가 있겠으나, 내 생각엔 완벽한 준비란 없는 것 같다. 스스로 완벽하게 준비했다고 해도 막상 사업 전선에 뛰어들면 이래저래 꼬이고 비틀어진다. 그래서 내가 내린 결론은 50%만 준비됐다면 사업을 시작하라는 것이다.

여기에는 반문할 사람이 많다는 것을 잘 안다. 100%에 가깝게 준비해도 성공할까 말까인데 50%만 준비된 상태에서 시작하라니 참으로 기가 찰 노릇이 아닌가. 무책임한 말처럼 들릴 수도 있다.

사업 준비를 100%에 가깝게 할 수만 있다면 환영할 일이다. 하지만 '완벽한 준비'라는 말 자체가 모호할뿐더러 완벽하게 준비했다 해도 막상 일을 시작하면 전혀 엉뚱한 곳에서 일이 터진다.

창업에도 골든타임이 있다. 사업 준비를 완벽하게 하려고 하면 금쪽같은 시간이 흘러간다. 그러는 사이에 처음 가졌던 열정과 간절함에 균열이 생길 수 있다. 그 균열 사이로 자신감도 새어나간다.

스포츠 판엔 매년 새로운 선수가 나타나고 사라진다. 시간이 지나면 내가 알던 기업 담당자도 하나둘 바뀐다. 이리저리 재보고 고민하는 사이 기존에 내가 알던 정보와 지식은 오래되고 낡아서 써먹을 수가 없게 된다.

불확실한 미래에 무턱대고 뛰어들라는 말은 절대 아니다. 사업을 하기로 마음먹었다면 불필요하게 뜸을 들여서 골든타임을 놓치지 말라는 뜻이다. 어느 정도 스포츠마케팅 흐름을 이해하면서 인적 네트워크를 갖췄다면 그다음은 기획력과 영업력에 달려 있다.

짧은 준비 시간을 탓하기보다 스스로 스포츠마케팅 사업을 해도 괜찮은 사람인지 진단해보는 것은 어떨까? 다음과 같이 스포츠마케팅 사업을 절대로 해선 안 될 사람은 아무리 많은 시간 준비해도 소용없다. 진지하게 살펴보기 바란다.

한탕을 노리는 사람

스포츠마케팅은 유무형의 상품을 기획하고 거래한다. 상품에는 정해진 가격이 없다. 포장만 잘하면 비교적 단기간에 큰돈을 만질 수도 있다.

이 같은 특성을 악용하는 사람이 종종 있어서 우려스럽다. 소속 선수를 과대 포장해서 고액의 계약을 체결하는 경우가 하나의 예다.

스포츠마케터는 뜨내기손님에게 물건값을 흥정하는 장사꾼이 아니다. 지금 당장 눈으로 확인할 수 없다고 해서 없는 것을 있는 것처럼 꾸며대서는 안 된다.

스포츠마케팅에서 '포장'은 반드시 사실에 근거해야 한다. '성장 가능성이 큰 선수'라고 주장하기 위해선 논리적인 근거가 뒤따라야 한다.

소속 선수를 과대 포장해서 거액의 계약금을 따내면 여러 사람이 불행해질 수 있다. 선수는 몸값에 걸맞은 플레이를 하기 위해 노력하겠지만, 성적이 떨어지면 정신적 고통을 혼자서 감내해야 한다.

선수의 실력을 부풀려서 계약했다면 몸값에 걸맞은 성적은 사실상 기대하기 어렵다. 언론과 팬들로부터 먹튀라는 오명을 쓰게 될 것이다. 슬럼프의 원인이 되기도 한다. 선수 수명에도 지장을 줄 수 있으니 절대 가볍게 여겨서는 안 된다.

난처한 건 기업도 마찬가지다. 회사 내부에서도 질책이 이어질 것이다. 기업은 그 에이전시와 다시 거래할 수 있을까? 천만의 말씀이다. 그것으로 끝이다. 소설처럼 꾸며낸 이야기가 아니다. 실제로 있었던 일이다. 씁쓸하지만, 지금도 종종 일어난다.

스포츠마케팅에서 절대 한탕은 없다. 스포츠마케팅 사업을 준비하는 사람들에겐 '모두 잭폿의 꿈에서 깨어나라'고 말하고 싶다.

스포츠마케팅에서 한탕은 산업 발전에도 도움이 되지 않는다. 오히려 기업의 투자 심리를 위축시키는 결과를 초래할 수 있다. 신뢰를 바탕으로 한 계단 한 계단 밟아간다는 생각이 없다면 스포츠마케팅에서 손을 떼는 것이 좋다.

스포츠마케팅 사업 적합도 자가 진단표

질문	그렇다	보통이다	아니다
한탕 잡고 싶다	3	2	1
과시욕이 있다	3	2	1
자제력이 부족하다	3	2	1
운전이 서툴거나 싫어한다	3	2	1
주변 사람에게 믿음을 주지 못한다	3	2	1
사업 기획에 자신이 없다	3	2	1
영업력이 부족하다	3	2	1
창의력이 떨어진다	3	2	1
꼼꼼하지 못하다	3	2	1
목표가 분명하지 않다	3	2	1
게으르다	3	2	1
총점	총점이 20 이상이면 비추		

보여주기식으로 사업하는 사람

스포츠마케팅 사업을 대외적으로 보여주기 위해 하는 사람이 있다. 스포츠마케팅 회사를 차려서 대표 명함을 찍고, 근사한 사무실을 마련해 스타 선수를 영입하는 것을 로망으로 생각하는 사람이 아직도 많다.

대외적으로 보여주고 과시하기 위해 스포츠선수를 영입하는 행위는 대단히 위험하다. 이런 사람은 대부분 선수를 장식품으로 여기는 심리가 숨어 있다.

앞에서도 언급했지만, 선수는 에이전시와의 계약으로 인생이 달라질 수 있다. 만약 에이전시가 대외적 과시용으로 선수를 영입한다면 책임감이 실종된 계약이 될 가능성이 크다. 그런 에이전시와 만나 불행해지는 선수가 더는 나오지 않길 바라는 마음이다.

몇 해 전 일이다. 한 에이전시 대표 A가 여자골프 국가대표 선수 B에게 접근했다. A는 B에게 "나와 계약하면 미국에 보내주겠다"라는 솔깃한 제안을 했다. 골프선수들에게 미국은 꿈의 무대다. 미국 진출을 골프 인생 최종 목표로 삼는 선수가 많다.

안타깝게도 B는 미국에 가지 못했다. LPGA 투어 진출을 위해서는 박세리처럼 든든한 후원사가 뒤따라야 한다. 기업 후원이 보장되지 않으면 퀄리파잉 토너먼트^{QT}를 통과해도 넘어야 할 산이 많다. A는 B에게 후원할 기업을 찾지 못했다.

처음부터 잘못된 계약이었다. A는 불확실한 미래를 확실한 것처럼 꾸며댔고, B의 간절함을 미끼로 계약서에 도장까지 찍게 했다.

골프선수 계약 이면엔 이런 일이 비일비재하다. 선수를 보호해야 할 에이전시가 오히려 선수를 위험지대로 몰아가는 것은 아닌지 심각하게 생각해볼 일이다.

이런 무책임한 에이전시는 기업에도 피해를 준다. 기업은 선수와의 계약을 통해 한 단계 도약을 노린다. 하지만 일부 무책임한 에이전시는 기업의 투자 심리를 위축시킨다. 스포츠마케팅을 명예로 생각하는 사람에겐 지금이라도 다른 업종을 찾아가라고 권하고 싶다.

자제력이 부족한 사람

스포츠마케팅은 업무 특성상 많은 사람을 만난다. 사람을 만나는 일이 업무의 절반이라 해도 과언이 아니다. 다양한 사람을 만나 다양한 이야기를 주고받는다. 당연히 외향적이고 사교성이 좋은 사람이 유리할 것 같지만, 반드시 그렇지는 않다.

모든 성격에는 장단점이 있다. 내향적인 사람이라고 해서 사교성이 떨어진다고 단정할 수도 없다. 내향적인 성격을 가진 사람 중에는 소속 선수를 꼼꼼히 잘 챙기는 스포츠마케터가 많은 것 같다.

어떤 성격이냐는 크게 중요하지 않다. 그보다 자제력이 있는 사람이 유리하다. 세상엔 나와 전혀 다른 생각을 하는 사람이 많다. 사람은 다양하고 생각은 모두 다르다. 다양한 의견을 넘어 황당한 의견이나 제안을 받는 일도 많다. 이럴 땐 내가 가진 판단과 기준으로 대화하면 곤란해진다.

대화로서 상대방을 설득하는 것도 중요하지만, 상대방의 의견을 존중하는 것도 중요하다. 절대 흥분하거나 고집을 부려서는 안 된다. '이렇게 생각하는 사람도 있구나'라고 생각하며 넘어가는 것이 좋다. 좁은 시장에서 적을 만들어선 안 된다.

선수나 선수 부모와의 대화에서도 자제력이 필요하다. 성인 무대에 갓 데뷔한 신인 선수들의 부모는 시장의 실정을 잘 모른다. 개중에는 그다지 주목받지 못하는 선수라도 국내 최고 선수 몸값을 기대한다. 프로 데뷔만으로 세계적인 선수 못지않은 대우를 바라는 사람도 여럿 있다.

골프선수 중에는 대기업 스폰서만 원하는 부모도 있다. 의류 후원 시 고액의 계약금을 별도로 요구하기도 한다. 거기에 개인 매니저를 붙여 달라고 요구하는 사람도 있다.

"원래 그래야 하는 것 아닌가?"라고 생각했는가? 그렇지가 않다.

사실 선수들의 몸값은 레벨에 따라 어느 정도 정해진 금액이 있다. 엄청난 스타가 아니라면 기업과 에이전시 사이에 암묵적인 합의가 존재한다. 에이전시의 노력만으로 선수의 몸값을 올리는 데는 한계가 있다는 뜻이다.

자기주장이 강한 선수나 부모에겐 알기 쉽게 설명하되 고집스럽게 설득하려 하진 마라. 당신이 아무리 열심히 설명해도 선수와 선수 부모는 물러서지 않는다. 당신이 설득하려 하지 않아도 그들이 시장의 논리에 수긍하는 건 시간의 문제다.

운전이 서툴거나 싫어하는 사람

운전이 서툴거나 싫어하는 사람은 스포츠마케터로서 적응이 쉽지 않다. 앞에서 언급한 세 부류보다 심각한 것은 아니지만, 외근과 출장이 많은 업무 특성을 고려하면 우려스러운 일이 많다.

스포츠마케팅 업무는 하루 중 상당 부분을 사람과 만나서 이야기하는 데 소비한다. 그러다 보니 운전하며 이동하는 일이 많다. 지방 출장도 많아서 장거리 운전은 피하기 어렵다. 특히 골프장은 대중교통이 닿지 않는 외지에 많다. 자동차 없이 접근하기 어렵다.

운전을 적게 하면서 수익을 많이 올리는 방법이 있다면 좋겠지만, 내 경험상 그건 불가능에 가깝다. 더구나 1인 창업자라면 두말할 필요도 없지 않은가.

내가 아는 스포츠마케팅 대표 A는 창업을 준비하면서 그랜저 중고 승용차를 샀는데, 1년 동안 10만㎞를 달린 뒤 폐차시켰다고 한다. 주말·휴일·밤낮 가리지 않고 전국을 누빈 결과 회사는 건실하게 자리를 잡았다.

그가 정말 1년 동안 10만㎞를 달렸는지는 확인할 방법이 없다. 하지만 그만큼 열심히 뛴 사람은 높은 수익을 올릴 가능성이 크다. 사람과 만나지 않으면 친분을 쌓을 수 없고, 결과도 나오지 않는다.

정말 나 혼자 창업해도 성공할 수 있을까?

"스포츠마케팅 회사를 혼자서 운영할 수 있나요?"

한 스포츠 동호회 회원 A로부터 이런 질문을 받은 적이 있다.

나는 A에게 "왜 회사를 혼자서 운영하려 하냐?"고 물었고, 되돌아온 답변은 역시나 경제적인 이유 때문이었다. 공감하는 사람이 많을 것 같다. 사업은 해보고 싶은데, 가진 돈이 많지 않은 사람이라면 나의 답변을 궁금해할 것 같다.

결론을 말하면 창업은 혼자서 할 수 있지만, 회사 운영은 혼자서 할 수 없다. 예상했던 대답이 아닐 수도 있다. 이건 스포츠마케팅 회사만의 문제가 아니다. 어떤 비즈니스도 혼자서는 할 수 없다. 업무를 분담할 직원이 있어야 하고, 사업을 함께 진행할 만한 협력사도 필요하다.

소자본 1인 창업자가 정직원을 두고 사업하는 것이 쉬운 일은 아니다. 경제적으로 큰 부담이다. 더군다나 창업 초기엔 한 푼이라도 아껴야 한다.

방법이 전혀 없는 건 아니다. 정직원을 두지 않더라도 업무를 분담할 사람을 적재적소에 기용하면 회사는 원활하게 돌아간다. 업무 분담이 필요할 때마다 외주나 프리랜서를 쓰면서 고정 비용을 아끼는 방법이다.

누구나 알고 있는 방법인데, 창업 초기엔 이것을 실천하는 일이 쉽지는 않다. 웬만한 업무를 창업자 본인이 해결하려 하면 업무량이 엄청나게 늘어나고, 이일 저일 외주나 프리랜서에 맡기면 비용이 만만치 않다. 하고 싶은 일만 골라서 할 수도 없다. 회계 같은 골치 아픈 업무도 처리해야 한다. 이 모든 것을 감당할 수 있다면 혼자서도 얼마든지 회사를 운영할 수 있다.

이런 식으로 악착같이 일해서 자리를 잡은 소자본 창업자가 제법 많다. 나 역시 그런 사람들을 보며 자신감을 얻었다. 물론 회사를 정상궤도에 올리지 못하고 문을 닫은 사람도 여럿 봤다. 그런 사람을 볼 때마다 남 일 같지가 않다. 지금도 내 일이 될 수 있다는 생각을 한다. 한시라도 긴장을 늦춰선 안 된다.

이윤 없는 비즈니스는 절대 금물

실패한 사람들의 원인을 분석해 보면 창업 첫해 수익 창출 아이템이 부족했다는 공통점이 있다. 소자본 창업자 대부분은 경제적인 여유가 없다. 그만큼 창업 첫해 매출 전략이 중요하다.

앞에서도 강조했지만, 창업 전부터 수익 창출 아이템을 충분히 만들어서 창업과 동시에 매출이 발생하도록 해야 한다. 스포츠마케팅 업무는 종목마다 매출이 집중적으로 발생하는 시기가 있어서 그때를 놓치면 실적 없이 1년을 기다려야 하는 상황이 벌어질 수도 있다. 매출 없이 1년 이상 견딜 수 있는 소자본 창업자가 몇이나 되겠나. 생각만 해도 눈앞이 캄캄해진다.

한 사람의 예를 들어보겠다. 내가 골프용품 회사 마케팅부장으로 근무할 때다. 후배 A가 회사를 그만두고 스포츠마케팅 회사를 차렸다.

A는 당시 20대 후반 젊은 나이였음에도 일에 대한 열정이 남달랐다. 비즈니스 센스도 있어서 소자본으로 혼자서 창업해도 어떻게든 자리를 잡을 수 있으리라 생각했다. 그런데 A는 창업 후 1년을 넘기지 못하고 회사 문을 닫았다.

무엇이 문제였을까? 창업 첫해 수익 창출 아이템이 부족했다. 창업 첫해 수익 아이템보다 중장기적인 전략에 치중한 나머지 당장 회사 운영에 필요한 자금을 충당하지 못했다. 소자본 1인 창업자 대부분이 이러한 이유로 실패를 답습한다.

"창업 초기엔 너무 욕심내지 않으려고요."

A가 창업 초기 내게 했던 말이다. 만약 이런 마음가짐으로 회사를 차리는 사람이 있다면 지금이라도 말리고 싶다.

눈앞의 수익보다 회사의 스펙과 이미지를 쌓는 데 집중하겠다는 취지는 나쁘지 않다. 방법이 문제다. 규모가 큰 스포츠대회를 이윤 없이 운영하거나 수수료를 받지 않고 스타 선수 에이전시를 하는 비즈니스는 반대다.

중장기적으로 보면 규모가 큰 대회를 운영한 경력만으로도 다른 스포츠마케팅 업체와의 대회 운영권 경쟁에서 유리한 고지를 점할 수 있다. 스타 선수 에이전시 경험도 선수 영입에 든든한 날개가 된다.

정말 그럴까? 하나만 알고 둘은 몰랐다. 아무리 혼자서 운영하는 회사라도 수익이 발생하지 않으면 금세 침몰하고 만다.

무엇보다 주변 여러 사람에게 피해를 준다. 경쟁 업체는 정당하게 일하고 보상받을 권리를 박탈당하기 때문이다. 공정한 거래와 경쟁을 파괴하는 행위다. 많든 적든 일한 만큼 대가를 받는 건 당연하다.

불공정 거래와 경쟁은 부메랑이 되어 당신 회사에도 적잖은 타격을 입힌다. 이윤 없이 금쪽같은 시간과 노력을 소모할수록 회사 경영 상태는 악화한다. 경영이 나빠지면 업무 환경과 효율성이 떨어진다. 결정적으로 혼탁해진 시장에서 제대로 된 노동의 대가를 받지 못한다. 결국, 스포츠마케팅 시장 생태계를 좀먹는 일이다. 민폐도 이런 민폐가 없다.

대회 운영권이나 선수 영입 경쟁에 자신이 없다면 사업을 시작해선 안 된다. 소자본 창업자가 하루라도 빨리 회사를 정상궤도에 올려놓으려면 시장의 흐름을 읽어야 한다. 언제 어디서 무엇을 하면 돈이 나오는지 알고 움직이라는 뜻이다. 그에 대한 영업 기밀은 다음과 같다.

많은 선수를 확보하라

모든 선수는 스포츠마케팅 회사의 잠재 고객이자 소중한 자산이다. 선수를 많이 확보할수록 사업 성공 가능성은 올라간다. 에이전시 계약까지 성사되지 않더라도 여러 선수와 두터운 친분을 쌓아서 내 편으로 만들어야 한다.

선수를 편애해선 안 된다. 대회 성적이 좋지 않은 선수라도 상관없다. 많은 선수를 알아두면 그만큼 일이 쉬워진다. 회사를 차린 뒤에 선수들에게 접근하면 이미 늦었다. 창업하기 전에 가능하면 많은 선수와 신뢰관계를 쌓아두자.

선수 섭외를 강조하는 이유는 수익성과 직결되기 때문이다. 선수와 관련한 아이템은 창업 후 곧바로 수익으로 이어질 수 있을 뿐 아니라 중장기 수익 창출의 기본 원료가 된다. 골프, 카레이싱, 테니스, 스포츠클라이밍, 당구, 동계스포츠(피겨스케이팅·컬링 등) 같은 개인 종목 선수들이 대상이다.

지출을 줄여라

소자본 창업자에겐 수익 창출만큼이나 중요하다. 돈이 엉뚱한 곳으로 새어나가지 않도록 해야 한다. 돈 관리를 잘못하면 구멍 뚫린 쌀가마에 쌀을 채워 넣는 것과 다르지 않다. 수익 대비 지출이 많으면 과감하게 지출을 줄여야 한다. 창업 초기엔 수익이 안정적으로 발생하더라도 마찬가지다. 회사가 안정궤도에 진입하기 전까지는 허리띠를 졸라매라. 불필요한 지출을 줄여서 업무 환경을 개선하거나 세일즈하는 데 투자해보자.

절실함과 성실성으로 극복하라

회사 설립 1년은 누구에게나 어렵다. 그것을 이겨내기 위해서는 절실함과 성실성이 담보되어야 한다. 기업 담당자와 미팅을 할 때도 절실한 마음이 있어야 한다. '되면 되고 안 되면 말고'라는 생각으로 영업하면 원하는 결과를 얻을 수 없다. 그런 안일한 마음은 상대방에게 가장 먼저 전해진다.

스스로 가능성을 낮게 진단하지 마라. 모든 사람에게 가능성을 열어두고 마지막까지 최선을 다해야 한다. 스포츠마케팅 업무는 스포츠와 같아서 마지막까지 결과를 예측하기가 어렵다. 끝날 때까지 끝난 게 아니다. 기회를 한두 번 놓치면 반드시 위기가 오고, 위기를 한두 차례 극복하면 기회가 찾아온다. 단, 절실함과 성실성을 잃어버린 셀러리맨에게는 절대 기회가 찾아오지 않는다.

멸시를 이겨내라

창업 초기엔 경제적 어려움보다 눈에 보이지 않는 멸시가 더 괴롭다. 기업은 스포츠마케팅 회사와 거래할 때 어느 정도 관찰 기간을 둔다. 최소한 1년, 길면 2년이다. '1~2년 하다 말겠지'라는 생각에 거래는 물론이고 상대조차 해주지 않는 기업도 있다.

소자본 창업자의 비애로 여기기엔 너무나 화가 나는 일이다. 대학에서 스포츠를 전공했고, 졸업 후에는 스포츠마케팅이라는 한 우물만 팠다. 오랜 시간 공을 들여 기획한 사업 아이템이 창업한 지 얼마 안 된 작은 회사라는 이유로 거절당한다면 억울해서 잠도 오지 않았다.

기업을 원망할 일도 아니다. 알고 보면 그들에게도 그럴 만한 이유가 있다. 적잖은 예산이 투입되는 데다 한 번의 선택으로 기업 이미지가 크게 바뀔 수 있기 때문이다.

한 기업 관계자 A에 따르면 지금껏 스포츠마케팅 회사 대표와 만나서 받은 명함이 셀 수 없이 많다고 한다. 대부분 1~2년 뒤에는 다시 보기가 어려웠고, 개중에는 거짓말을 하거나 약속을 지키지 않아 손해를 본 일도 있다고 한다. 거액의 예산을 투입하면서 믿을 만한 회사와 거래하고 싶은 건 당연한 일이다.

그렇다고 포기해선 안 된다. 3~4년 이상 성실하게 세일즈하면 업계 평판은 완전히 달라진다. 오히려 기업에서 먼저 전화가 오기도 한다. 소자본 창업자로서 성공하고 싶다면 최소 2년간 보이지 않는 멸시를 이겨낼 수 있는 수익 아이템이 있어야 한다. 창업 전에 충분히 준비해두기 바란다.

어떤 종목에 집중해야 할까?

한 언론사 기자와 인터뷰하면서 이런 질문을 받은 적이 있다.

"스포츠마케터로서 보람을 느낀 적이 있는가?"

내가 스포츠마케팅을 직업으로 선택한 이유는 여러 가지가 있다. 우선 체육을 전공했고, 짧게나마 외국 생활 경험이 있어서 영어 회화가 어느 정도 가능했다. 전공과 외국어 실력을 살릴 수 있는 일을 찾다 보니 스포츠마케팅에 발을 담그게 됐다. 평소 좋아하던 스포츠를 비즈니스로 한다는 것이 신기하고 흥미로웠다.

일을 시작하면서부터 보람을 느낀 건 아니다. 여러 사람과 인연을 맺고, 일에 대한 성과를 경험하면서 보람을 알게 됐다. 나는 언론과의 인터뷰에서 스포츠마케터의 보람을 두 가지 측면에서 경험했다고 답했다.

첫 번째는 기업 브랜드와 선수의 이미지를 성장시켰을 때다.

스포츠마케터는 스포츠를 활용해 기업과 브랜드의 이미지를 스케치한다. 성장 과정을 함께하기도 한다. 그런 면에서 스포츠마케터는 주연 같은 조연이다. 표면에는 드러나지 않지만, 절대로 가볍지 않은 존재다. 신인이나 무명 선수를 스타 선수로 만드는 과정에서도 큰 보람을 느낀다. 그럴 때마다 이 일을 시작하길 잘했다는 생각이 든다.

두 번째는 선수들과 함께 각본 없는 드라마를 썼을 때다.

스포츠는 흔히 각본 없는 드라마라고 부른다. 소속 선수 중에 오랜 무명 생활 끝에 우승한 선수가 나오면 내가 우승한 것처럼 기쁘다. 중소기업 후원을 받는 선수가 대기업 소속 선수를 얼마든지 이길 수 있다. 이런 짜릿한 감동은 오직 스포츠에서만 느낄 수 있다. 내 노력과 능력에 따라 선수의 운명이 바뀔 수도 있다는 생각에 무거운 책임감과 동시에 강한 자부심을 느낀다. 자신이 도움을 준 선수가 세계적인 선수로 커나가는 모습을 보면서 보람을 느끼지 않을 스포츠마케터는 아무도 없을 것이다.

여기서 바로 알아야 할 것이 있다. 스포츠가 각본 없는 드라마라면 스포츠마케팅은 치밀한 각본으로 만들어진 드라마라는 사실이다. 모든 것이 치밀한 계획과 각본에 의해서 만들어지는 것이지 우연한 결과는 없다. '스타 선수와 계약하면 어떻게든 되겠지'라는 안일한 생각도 버리는 것이 좋다.

1~2종목에 집중하라

스포츠마케팅이라는 치밀한 각본을 해피엔딩으로 마무리하기 위해서는 종목의 선택과 집중이 필요하다. 당신은 창업 후 어떤 종목에 집중하고 싶은가? 이것은 반드시 정한 뒤에 창업해야 한다. 대단히 중요한 일이다. 모든 종목을 두루 섭렵하되 집중할 종목은 1~2개로 좁혀야 한다.

4대 프로스포츠 구단 운영 방식과 대리인 제도

종목	구단	구단 운영 방식	선수 대리인 제도
KBO리그	10팀	독립법인, 네이밍 스폰서	공인 대리인 제도 시행
K리그	22팀 (K리그1·2)	독립법인	제한 없음
WK리그	8팀	자체 운영	제한 없음
KBL	10팀	자체 운영, 독립법인, 대행사 운영	제한 없음
WKBL	6팀	자체 운영, 네이밍 스폰서, 대행사 운영	제한 없음
V-리그	7팀	자체 운영 대행사 운영	제한 없음
V-리그 여자부	7팀	자체 운영, 독립법인, 대행사 운영	제한 없음

그렇게 해야 영업을 효율적으로 할 수 있고, 전문성도 인정받는다. 여기저기 손을 뻗으면서 돈만 따라다니면 전문성도 진정성도 인정받지

못한다. 그렇다면 어떤 종목을 선택하고 집중할 것인지 지금부터 하나씩 따져보자.

우리나라엔 4대 프로 스포츠가 있다. 축구, 야구, 농구, 배구다. 축구와 야구는 우리나라 최고 인기 스포츠 1·2위를 다투는 종목이다. 국내 리그 인기는 야구가 단연 1위다. 1982년 출범해 2016년엔 연간 800만 관중을 넘어섰다. 남녀노소 누구에게나 사랑받는 국민 스포츠로 자리매김했다.

프로야구 리그가 운영되는 나라가 많지 않다는 건 큰 단점이다. 우리보다 큰 시장은 미국과 일본뿐이다. 해외 리그에 스카우트되는 선수는 손가락으로 꼽을 만큼 적다. 낙타가 바늘구멍 들어가기다. 그만큼 선수 에이전시 사업이 어렵다는 걸 의미한다.

반면에 축구는 국내 리그보다 해외시장이 매력적이다. 스포츠마케터의 관점에선 축구가 야구보다 큰 시장이다. 국내 리그가 아니라도 진출할 수 있는 무대가 널려 있다. 유럽은 말할 것도 없고 아시아에서도 중국, 일본, 아랍처럼 큰 시장이 많다.

국내에선 비인기 종목으로 분류되는 배드민턴이나 핸드볼도 해외 진출 길이 넓어서 스포츠마케터에겐 매력적인 종목이다. 시장을 넓게 보면 그만큼 기회가 늘어난다.

여자골프는 아직도 블루오션

4대 프로 스포츠는 다른 종목보다 규모가 크다. 많은 사람이 몰리고 큰돈이 오간다. 언론으로부터 스포트라이트가 집중되기 때문에 화려해

보인다.

그러나 화려함 뒤에 가려진 이면을 보는 순간 좌절감이 밀려들 수도 있다. 모든 구단이 적자의 늪에 빠져 있기 때문이다. 전체적인 판은 크지만, 추진할 수 있는 사업이 많지 않다. 능력을 펼칠 기회조차 주어지지 않을 수도 있다.

그런데도 4대 프로 스포츠를 원한다면 해당 협회(단체)나 구단, 대기업 스포츠마케팅팀, 스포츠에이전시 등에서 업무를 경험해보라. 큰 시장을 경험하면서 인적 네트워크를 구축할 수 있지만, 기회가 적은 것이 단점이다.

같은 스포츠라도 골프는 전혀 다른 시장이다. 전체적인 판은 4대 프로 스포츠보다 작은데도 골프대회나 선수에게 후원하려는 기업이 많다. 산업적인 측면만 보면 스포츠마케터에게 가장 유리한 시장이다.

더 흥미로운 건 남자골프보다 여자골프 인기가 좋다는 점이다. 남자보다 여자 경기가 인기 있는 종목은 골프가 거의 유일하다. 국제대회 성적과 선수들의 기량이 얼마나 중요한지를 보여주는 단적인 예다.

2000년대만 해도 남자골프는 큰 시장이었다. KPGA에 내부 균열이 생기면서 침체하기 시작했다. 반면에 KLPGA는 KB금융그룹이 스타투어를 만들면서 붐이 조성됐다.

그 배경에는 우리 선수들의 해외 투어 맹활약이 있었다. 박세리 이후에도 세계적인 기량을 가진 선수가 계속해서 등장하면서 대한민국 여자골프는 세계 최강으로 도약했다.

4대 프로 스포츠 중에서도 가장 주목도가 떨어졌던 여자배구도 비슷한 예라고 할 수 있다. 한국 여자배구는 김연경 전과 후로 쪼개진다. 그만큼 김연경의 영향력은 막강하다. 월드 스타 김연경을 앞세운 한국 여자배구가 올림픽 같은 국제무대에서 좋은 성적을 내면서 국내 리그도 활기를 띠기 시작했다. 어떤 종목이든 경기력이 따라주지 않으면 흥행은 기대할 수 없다는 걸 반드시 인지하기 바란다.

가장 잘 아는 종목을 선택하라

여자골프 선수 영입 경쟁은 대단히 치열하다. 골프업계에서 기반을 쌓은 소자본 창업자는 물론이고 축구나 야구에 집중하던 에이전시도 여자골프에 손을 대기 시작했다.

매년 11월이면 전남 무안에서 다음 시즌 출전권이 걸린 시드 순위전이 열린다. 그해 성적이 좋지 않은 선수들과 신인급이 출전하는 비공인 대회이기 때문에 언론에는 거의 보도되지 않는다.

그러나 스포츠마케터의 눈과 귀는 더 바쁘게 움직인다. 하부 투어에서 올라온 선수라도 선점하기 위해서 영입 경쟁이 치열하게 펼쳐진다. 골프계에 매니지먼트가 활성화되기 전인 2000년대 초중반만 해도 상상하기 어려운 풍경이었다. 여자골프 선수들의 주가가 얼마나 폭등했는지를 미루어 짐작할 수 있다.

골프 시장에서 스포츠마케터 영역을 구축하고 싶다면 관련 협회나 대기업 스포츠마케팅팀, 골프용품·의류 마케팅팀, 스크린골프 회사, 스포츠에이전시 등에서 경험을 쌓는 것이 좋다. 골프업계에는 비교적 많은 일자리가 있다. 소자본 창업자가 자리를 잡기에는 가장 이상적인 시장이다.

미디어에서도 스포츠마케터 업무를 경험할 수 있다. 거의 모든 언론사는 스포츠 관련 사업에 적극적이다. 별도의 사업팀을 꾸려 연중 스포츠 관련 행사나 이벤트를 연다. 언론사 성격에 따라서는 기자들이 전면에 나서 스포츠마케터로 활동하기도 한다.

하지만 스포츠기자 출신 스포츠마케터는 추천하고 싶지 않다. 언론사 취업이 어려울뿐더러 세일즈 능력을 기르거나 업무를 체계적으로 배우기도 어렵다. 기자는 시장 분석이 뛰어나고 글솜씨가 좋은 반면에 전반적으로 영업력이 떨어진다. 취재하면서 세일즈를 병행하는 모습도 썩 좋게 비추어지지 않는다. 자칫하면 양쪽 업무 모두 전문성과 진정성을 잃어버릴 수도 있다. 기자 출신의 성공한 스포츠마케터도 본 적이 없다.

어떤 종목에 공을 들이든 그건 당신의 선택이다. 누가 어떤 종목에 집중하라고 등을 떠밀지 않는다. 한 가지만 명심하자. 모든 종목 세일즈를 잘하기는 어렵다. 더군다나 소자본 1인 창업자라면 더더욱 어려운 일이다. 어떤 종목이든 장단점이 있다. 당신이 가장 잘 아는 종목을 선택해서 집중하라.

스포츠에 엔터테인먼트를 입혀라

현대 스포츠의 트렌드를 이야기하는 데 있어서 빠질 수 없는 것 중 하나가 스포테인먼트다.

스포테인먼트는 스포츠와 엔터테인먼트의 합성어다. 스포츠에 엔터테인먼트 요소를 더해서 재미를 부여한 새로운 형태의 스포츠를 말한다. 승부보다 재미와 흥행이 주목적이기 때문에 스포츠이지만 경쟁의 요소가 배제되거나 승자를 미리 정해놓기도 한다.

스포테인먼트의 범위는 스포츠마케팅만큼이나 넓다. 종목이 따로 정해지지 않아서 기획만 잘하면 얼마든지 새로운 형태의 스포테인먼트를 만들 수 있다.

피겨스케이팅이나 리듬체조 갈라쇼 같은 대형 이벤트부터 프로야구의 치어리더 응원, 연예인 시구, 이종격투기의 라운드 걸 워킹 같은 경기 중의 소소한 볼거리도 전부 스포테인먼트의 영역이라고 할 수 있다.

요즘 프로 스포츠에서는 경기만으로 사람을 끌어모으기가 어려워졌다. 적절하게 오락적 요소를 가미해서 지루함을 없애야만 팬 이탈을 막고 폭넓은 팬층을 확보할 수 있다.

국내 최고의 인기 스포츠인 프로야구도 구단별로 특색 있는 이벤트를 기획하면서 팬들을 경기장으로 불러들이고 있다.

KT 위즈는 홈구장인 수원 KT위즈파크에서 워터 페스티벌을 연다. 내야 관중석에 시원한 물대포를 쏘아 올려서 더위를 날려주는 한여름 이벤트다.

야구장 외야에 잔디 관람석이나 바비큐 존을 만들고, 클리닉 타임에 키스타임, 야구장 프러포즈 같은 깜짝 이벤트를 여는 것도 비슷한 취지다.

이처럼 잘 기획된 스포테인먼트는 흥행과 직결된다. 흥행은 반드시 수익으로 이어진다. 성공한 스포츠마케터가 되고 싶다면 스포츠에 엔터테인먼트를 입힐 줄 알아야 한다.

국내 스포테인먼트는 아직도 걸음마

국내에는 아직 스포테인먼트라는 개념이 잘 알려지지 않았다. 스포츠마케팅이 이제 막 걸음마를 뗀 단계라면 스포테인먼트는 아직도 걸음마 단계로 보는 것이 좋을 것 같다.

프로골퍼 이보미를 예로 들어보겠다. 이보미는 2009년 한국에서 프로 무대에 데뷔했다. 이듬해인 2010년에는 KLPGA 투어 상금왕에 올랐다. 귀여운 외모에 출중한 실력까지 갖춰서 한국에서도 상당히 많은 팬을 거느렸다. 슈퍼스타는 아니었다.

그랬던 이보미가 2011년 일본 무대에 데뷔하면서 전혀 다른 선수로 거듭났다. 이보미의 일본 에이전시인 노부타 그룹은 데뷔 첫해부터 이보미의 이미지 메이킹에 상당한 공을 들였다. 일본인이 좋아하는 귀여운 외모와 상냥하고 활달하면서 애교가 많은 성격을 내세워 슈퍼스타 만들기 작전에 돌입했다.

대회 성적까지 따라주면서 매 대회 수많은 갤러리가 이보미를 보기 위해 대회장을 찾았다. 경기 후에는 이보미의 사인을 받기 위해 긴 줄을 늘어서는 진풍경이 매 라운드 이어졌다. 이보미가 대회장에 나타나면 여러 명의 카메라맨과 관계자들이 긴 행렬을 이루며 그를 따라 움직였다.

기업 후원은 덤으로 따라붙었다. 온몸에 10개 이상의 광고가 붙어 있을 만큼 이보미의 일본 내 인기는 대단했다. 슈퍼스타만 섭외한다는 TV 인기 토크쇼나 심야 프로그램에도 출연해 웬만한 연예인을 능가하는 인기를 누렸다.

'섹시퀸'으로 불렸던 프로골퍼 안신애도 일본 무대 데뷔와 함께 엄청난 스타가 됐다. 일본 에이전시 나우온은 안신애의 섹시한 이미지를 부각하면서 남성 골프 팬들을 대회장으로 불러 모았다. 2018년 5월에는 대회 첫날 최다 갤러리 기록을 갈아치우기도 했다. 인기 TV 프로그램에 출연하거나 화보를 발간하는 등 경기장 밖에서의 활약도 두드러졌다.

안신애는 일본 무대 데뷔 후 언론과 인터뷰에서 "(한국에서 활동한) 지난 9년, 나는 지금까지 무엇이었는지 모르겠다"는 의미심장한 말을 남기기도 했다.

이런 풍경만 봐도 우리나라의 스포테인먼트는 아직 갈 길이 멀다는 생각이 든다. 에이전시가 무능하면 숨은 진주를 발굴하지 못한다. 세상은 빠르게 변하고 있다. 스포츠 팬들의 요구도 시대 흐름에 따라 빠르게 변한다. 경기력만으로 팬들을 끌어모으는 시대는 끝났다. 그만큼 스포츠마케터가 해야 할 일이 많아졌다.

스포테인먼트로 매출 올리기

운동선수의 이미지 메이킹은 에이전시의 몫이다. 어릴 적부터 운동에만 매달려온 운동선수가 이미지 메이킹에 서툰 건 당연하다. 스스로 자신의 이미지를 만들 수 있는 선수는 거의 없다. 스포츠마케터는 소속 선수의 장점과 매력 포인트를 찾아서 부각하고, 숨겨진 끼를 발굴해 세상에 알려야 한다.

넥스트스포츠에서 스포테인먼트로 가장 성공한 사례는 미녀 프로골퍼 안소현이다. 정규 투어와 하부 투어를 오르내리는 불안한 위치였는데도 최정상급 선수의 인기를 누렸다. 하부 투어 선수 중 이렇게 많은 팬과 기업 후원을 받은 예는 없었다.

넥스트스포츠에서 내세운 안소현의 이미지는 빼어난 외모와 차분한 성격에 어울리지 않는 사차원 매력이었다. 축구와 댄스를 좋아하는 발랄한 소녀라는 이미지를 부각하면서 골프 팬과 언론에 친근한 이미지로 다가갈 수 있었다. 단순히 미녀 골퍼라는 수식어만으로는 차가운 인상을 줄 수 있고, 팬과 언론의 관심을 불러일으키는 데도 어느 정도 한계가 있다는 생각이 들었다.

다행히 안소현의 이미지 메이킹은 대성공이었다. 안소현도 변화하고자 하는 의지가 강해서 골프계에 드문 탤런트가 될 수 있었다. 거기에 매년 빠지지 않고 기부 행사를 진행한 덕에 '날개 없는 천사'라는 별명도 얻었다.

그 결과 여러 기업으로부터 후원이 들어왔고, 음료 브랜드와 위생용품, 경찰서 홍보모델로 활동하면서 댄스 이벤트 같은 독특한 챌린지도 잘 소화해냈다.

스포츠마케터가 소속 선수 이미지 메이킹에 소극적이어선 안 된다. 그러면 선수가 가진 끼와 재능은 세상에 드러나지 않는다. 선수는 경기력이 따라주지 않는 한 스타로 성장할 수 없다. 스포츠마케터는 수익을 다변화하지 못한다.

스포츠와 엔터테인먼트의 잘못된 만남

스포츠에 엔터테인먼트를 가미하면 무조건 흥행으로 이어질까? 그럴 수도 있지만, 주의할 점이 몇 가지 있다. 두 가지 사례를 들어보겠다.

프로레슬링은 스포테인먼트와 흡사한 유전자를 가지고 태어난 종목이다. 국내에 프로레슬링이 유행하던 1960~1970년대는 스포테인먼트라는 용어 자체가 없었다. 승자를 미리 정해놓고 각본대로 연기하는 쇼였는데도 진짜 승부로 믿는 사람이 많았다. 가짜 승부라는 것이 알려지자 인기는 곤두박질쳤다.

스포테인먼트는 스포츠가 메인이다. 스포츠에는 높은 수준의 경기력이 담보되어야 하는데, 프로레슬링은 양쪽 모두 모호했다. 처음부터 끝까지 쇼에 지나지 않았다. 프로레슬러들의 쇼도 팬들의 눈높이와 시대적인 요구를 따라가지 못했다. 예고된 몰락이다.

또 한 가지는 한때 흥행 가도를 달리던 종합격투기 로드 FC다. 개그맨 윤형빈은 2014년 종합격투기 데뷔전을 치렀다. 상대는 일본의 쓰쿠다 다카야(佃貴也)라는 무명 신예였다. 이 경기에서 윤형빈은 쓰쿠다 다카야에 1라운드 KO승을 거둬 화제가 됐다. 이 경기의 순간 최고 시청률은 7.2%를 기록할 만큼 엄청난 흥행이었다.

그러나 경기 후 로드 FC에 적지 않은 빈축이 쏟아졌다. 신인급 일본 선수를 초청해 극우 이미지를 씌워 반일 감정을 부추겼다는 언론 보도가 나왔기 때문이다. 당시 《한겨레신문》 보도에 따르면 쓰쿠다 다카야는 극우와는 무관하고 오히려 친한파였다.

이 경기에 대해서는 여러 사람의 의견이 엇갈린다. 치밀하게 기획된 스포테인먼트라는 관점에서는 찬사를 보내고 싶다. 하지만 흥행을 위해 정치적 문제를 스포츠로 끌어들였다는 점과 상대 선수를 흥행의 희생양으로 삼았다는 점에선 결코 건전한 기획이라고 할 수 없을 것 같다. 스포츠와 엔터테인먼트의 잘못된 만남이다.

'스포츠는 오직 경기력만으로 평가되어야 한다'는 말은 스포츠가 잘나갈 때의 일이다. 지금은 상황이 많이 달라졌다. 순수 아마추어리즘만을 고집하던 올림픽도 스포테인먼트를 도입하면서까지 흥행에 열을 올리고 있다. 언어나 문화도 시대에 따라 변화한다. 시대에 맞는 스포츠를 스케치하자. 붓과 캔버스는 당신이 쥐고 있다.

3부

스포츠마케팅으로 수익 올리기

기업이 선수 후원을
결정하는 데 있어서
중요한 것 중 하나가 이미지다.
기업에 선수 후원 제안서를
보낼 때는 기업과 선수의
이미지를 충분히 고려해야 한다.

스포츠선수 **매니지먼트**

　　　　　　회사를 창업하면 정신없이 뛰어다녀야 한다. 모든 영업이 마찬가지겠지만, 주로 유무형의 상품을 거래하는 스포츠마케팅은 가만히 앉아 있으면 아무것도 얻지 못한다. 누구도 당신을 대신해서 일해주지 않는다.

　스포츠선수 매니지먼트는 스포츠마케팅의 기본이자 가장 중요한 업무라고 할 수 있다. 영화 〈제리 맥과이어〉를 통해 대중에 널리 알려져서 스포츠마케팅 하면 가장 먼저 스포츠선수 매니지먼트를 떠올릴 사람이 많을지도 모르겠다.

　스포츠마케터에게 모든 종목 선수는 세일즈 대상이자 잠재 고객이다. 스포츠 판엔 수없이 많은 선수가 존재하고, 끊임없이 많은 선수가 새롭게 등장한다. 선수들을 잘 활용하면 매니지먼트뿐만 아니라 다양한 사업을 쉽게 펼칠 수 있다.

소자본 창업자들이 창업 초기 단기 수익 아이템을 기획할 땐 스포츠 선수 매니지먼트 관련 사업은 꼭 잡아두기 바란다. 선수를 통해 만들 수 있는 수익 아이템이 많을 뿐만 아니라 비교적 단기간에 수익을 낼 수 있기 때문이다. 스포츠마케팅의 기본 소재가 선수이니 선수를 빼놓고 스포츠마케팅을 진행하기는 어렵다.

스포츠선수 매지니먼트는 선수를 에이전시하면서 수입을 만들어내는 업무다. 상품성 있는 선수와 많이 계약하면 그만큼 수익이 발생할 가능성이 크다. 어떤 선수를 몇 명이나 계약할 수 있냐는 온전히 당신의 인맥과 영업력에 달려 있다.

여기서 상품성이란 경기력은 기본이고 성장 가능성, 대중선호도, 엔터테인먼트 능력, 비주얼, 그밖에 기업과 대중의 관심을 끌 만한 요소까지 포함한다.

선수 섭외와 계약 방법

선수는 여러 측면으로 검토한 후에 섭외해야 한다. 아마추어 시절이나 과거 또는 최근 성적, 신체조건, 기본기, 성실성, 운동환경 따위를 분석해 접근하라. 그 종목에 대한 이해도와 눈썰미, 분석력 등을 총동원해 회사와 운명을 함께할 선수를 골라보자.

선수 영입 경쟁이 치열하다는 이유로 접근하기 쉬운 선수만 선택하면 회사에 수익이 발생하지 않을 수도 있다. 분명히 말하지만, 사업은 취미 생활도 자선활동도 아니다. 반드시 수익을 내야 회사가 돌아간다.

섭외할 선수를 정했다면 선수 부모와 만나 상담해야 한다. 스포츠선수 대부분은 부모가 전면에 나선다. 보호자이자 매니저다. 선수 부모에게 자녀를 잘 성장시킬 수 있다는 확신을 심어주어야 한다.

서로 합의가 이루어지면 계약 관계로서 인연을 맺을 수 있다. 이렇게 인연을 맺은 선수는 많을수록 좋다. 그중 잠재력이 있는 선수일수록 기업 후원을 받기가 쉽다. 메인 스폰서뿐만 아니라 여러 기업으로부터 서브 후원 제안을 받기도 좋다. 그만큼 회사 수익은 늘어난다. 그런 선수는 여러 회사가 탐을 내기 때문에 치열한 영입 경쟁에서 승리해야 한다.

선수를 영입했다면 기업에 선수 후원 제안서를 내보자. 선수가 성장하기 위해 기업 후원은 필수다. 기업 후원이 있어야 당신 회사도 수익을 낼 수 있다. 당신이 회사를 차려서 힘들게 선수를 섭외한 이유도 기업으로부터 후원받아 매출을 올리기 위함이 아닌가.

기업으로부터 후원을 받기 위해서는 소속 선수들의 소개서와 제안서를 작성해야 한다. 선수의 장점과 발전 가능성 등을 자세하게 소개하고, 기업 이미지와 잘 어울린다는 내용을 설득력 있게 제안서에 담아보자.

제안서를 접수한 기업은 어느 정도 검토할 시간이 필요하다. 선수의 성적과 잠재력, 상품성, 이미지, 대회 성적, 미디어가 보도한 기사, 주변 사람들의 평판 등을 종합적으로 따져본 뒤에 후원할 것인지를 결정한다.

기업이 선수 후원을 결정하는 데 있어서 중요한 것 중 하나가 이미지다. 아무리 훌륭한 선수라도 기업의 이미지와 맞지 않으면 후원을 보류하거나 철회할 수 있다. 기업에 선수 후원 제안서를 보낼 때는 기업과 선수의 이미지를 충분히 고려해야 한다.

예를 들면 신생 건설사는 젊고 공격적인 플레이어를 선호하고, 주방가구 전문업체는 차분하면서 가정적인 이미지가 풍기는 선수를 찾기도 한다. 물론 이건 가설이다. 오해가 없길 바란다.

기업의 선수 후원 조인식에서 기업 대표나 단장에게 해당 선수 후원을 결정한 이유에 대해 질문하면 대부분 "우리 회사 이미지와 잘 맞는 것 같아서"라는 답변이 돌아오는 이유가 그것과 무관하지 않다. 이에 관해서는 4부에서 좀 더 구체적으로 설명하겠다.

기업이 제안서를 검토하는 동안 넋을 놓고 기다리기만 하면 안 된다. 기업이 원하는 것이 무엇인지 빠르게 파악해서 부족한 2%를 채워라.

만약 기업이 선수의 언론 보도기사를 중요한 참고자료로 여긴다면 언론사에 선수 관련 보도자료를 만들어 배포하거나 단독 인터뷰를 제안하는 것도 괜찮다. 잠재력 있는 선수라면 언론사에서 인터뷰를 마다할 이유가 없다.

선수 매니지먼트 수익 계산하기

국내 여자프로골프 선수의 연간 계약금은 최저 5000만 원이다. 어느 정도 이름이 알려진 선수는 1억 원이 넘는다. 상금순위 20위권 선수는 2억~3억 원 수준이다. 흔한 일은 아니지만 10억 원 이상의 거액 계약이 성사되기도 한다.

그에 반해 남자프로골프는 여자 선수들보다 몸값이 낮다. 후원 기업이 많지 않아 대회 수도 KLPGA 투어의 절반 수준이다. 스포츠마케터는 회사의 이익을 떠나서 남자골프 발전과 투어 활성화를 위해 함께 고민할 필요가 있다. 남자골프가 활기를 되찾아야 스포츠마케터들의 일거리와 수익도 늘어난다. 절대로 남 일처럼 방관해선 안 된다.

메인 후원사는 선수의 모자나 유니폼에 기업 로고를 붙일 권리를 갖는다. 후원선수가 출전하는 모든 대회에서 메인 후원사로서 권리를 누릴 수 있다. 방송에 기업 로고가 노출되는 건 물론이고, 신문기사에도 선수 이름과 함께 기업·브랜드 이름이 게재되기도 한다. 우승하거나 화제가 되는 선수를 후원한 기업은 선수 못지않게 스포트라이트를 받는다.

상품성이 좋은 선수는 메인 후원사뿐만 아니라 서브로서 다른 기업으로부터 후원을 받을 수 있다. 대부분 종목은 후원사 개수를 제한하지 않는다. 능력만 된다면 여러 개의 서브 후원사 로고를 달고 경기해도 된다. 상품성이 떨어지는 선수라도 당신이 어떻게 포장하냐에 따라 기업과 대중의 평가가 달라지기도 한다.

후원 계약 과정에서 발생하는 후원금 일부는 당신 회사의 매출이다. 계약금 수수료율은 종목마다 조금씩 차이가 있다. 야구나 축구 같은 단체종목은 계약금 규모가 크지만, 수수료율은 5% 미만이다. 반면에 골프 같은 개인 종목은 계약금 규모가 작은 대신 수수료율이 10~20%로 높다. 만약 소속 선수 A가 B 기업과 5000만 원에 계약하면 수수료로 500만~1000만 원까지 받을 수 있다. 수수료율은 선수와 계약하는 과정에서 합의해 결정한다.

단체종목 선수는 팀이 우승하거나 준우승하면 보너스를 받는데, 스포츠마케팅 회사는 여기서도 계약서에 명시된 수익 배분 규정에 따라서 수수료를 받을 수 있다. 개인 종목 선수는 우승하거나 신인왕, 상금왕 같은 개인 타이틀을 획득했을 때 기업으로부터 인센티브를 받는다. 매니지먼트사는 이때도 계약서에 명시된 수수료율에 따라 수익금을 받을 수 있다.

기업의 선수 후원 협상부터 계약 과정 (개인 종목 기준)

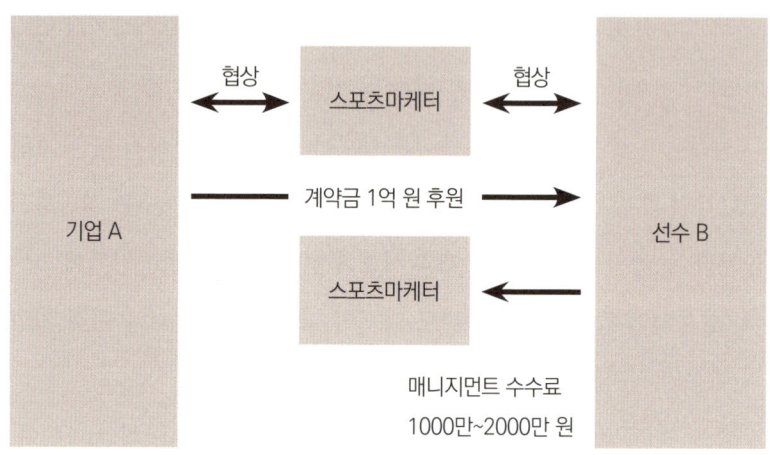

포털사이트에 소속 선수 프로필 올리기

소속 선수 후원사가 결정되면 조인식을 치른 뒤 보도자료를 언론사에 발송해야 한다. 조인식은 홍보가 목적이기 때문에 되도록 많은 매체에서 기사가 나가는 것이 좋다.

조인식까지 무사히 마쳤다면 포털사이트에 소속 선수 프로필을 등록해야 한다. 네이버(www.naver.com)나 다음(www.daum.net)의 인물 정보 본인 참여 서비스에 인물 정보 등록 신청서와 소속 선수 사진, 신분증 사본, 위임장, 선수와의 관계를 증명할 수 있는 서류(사업자등록증 · 매니지먼트 계약서) 등을 제출하면 2~3일 이내에 처리된다.

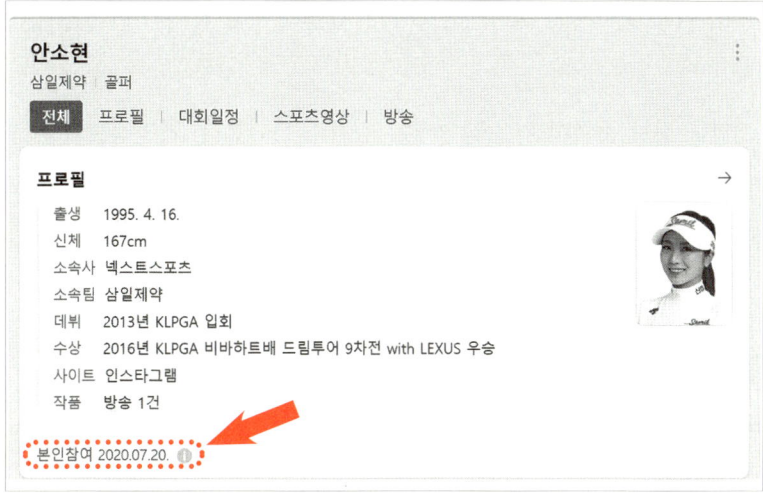

인물정보 본인참여 서비스 신청 버튼을 클릭.

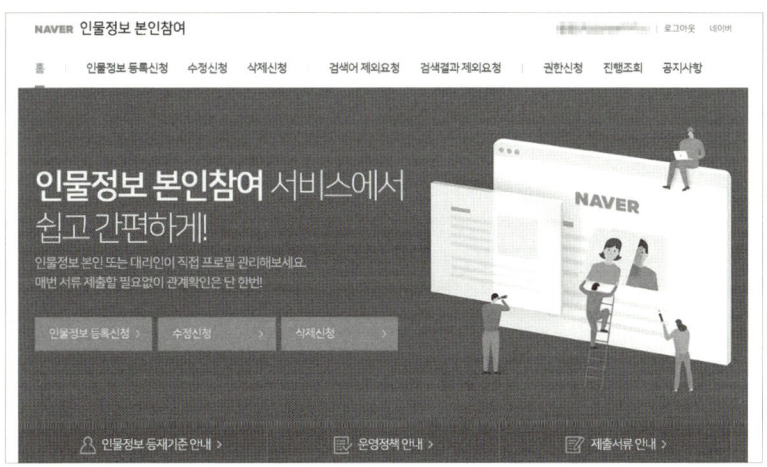

네이버 인물정보 본인참여 서비스 메인 화면.

스포츠마케팅으로 수익 올리기

소속 선수 프로필에는 생년월일과 신장, 소속사, 소속팀, 수상 경력 등이 들어간다. 인스타그램 같은 사회관계망서비스SNS 계정도 넣을 수 있다. 이때 소속사는 매니지먼트사, 소속팀은 후원 기업의 이름을 적는다.

인물 정보 등록이 처음일 경우는 심사가 까다롭다. 개인정보와 관련한 사항이기 때문에 제출 서류에 조금만 문제가 있어도 승인되지 않는다. 신분증 사본 같은 서류를 다룰 때는 개인정보가 노출되지 않도록 조심해야 한다.

포털사이트 인물 정보 신청 과정

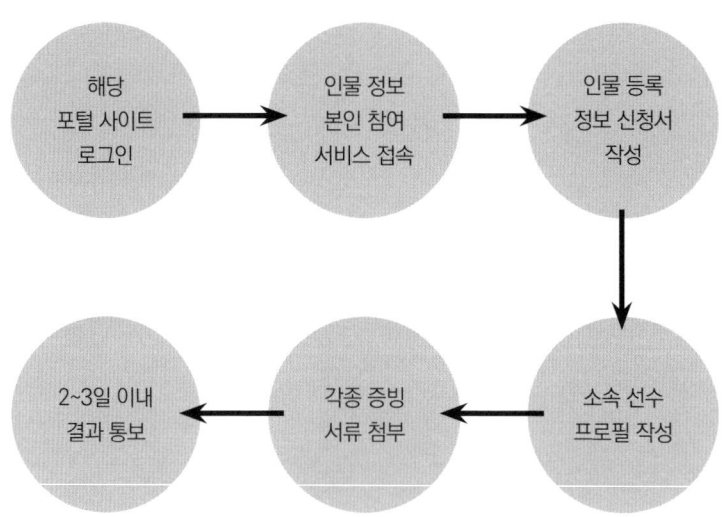

선수 매니저 업무 진행하기

선수 매니저 업무는 회사 수익과는 상관없이 진행하는 것이 일반적이다. 대회장에서 소속 선수와 동행하면서 필요한 것들을 챙겨주는 업무다. 프런트가 함께 생활하며 관리하는 단체종목과 달리 개인 종목 선수들은 개인적으로 움직이기 때문에 매니저 도움이 더 많이 필요하다.

소자본 창업자에게는 사실상 어려운 일이다. 소속 선수가 많지 않다면 어떻게든 가능할지 몰라도 여러 선수를 혼자서 챙길 수는 없다. 개중에는 개인 매니저를 요구하는 선수도 있어서 계약 시 규정을 명확하게 해둬야 탈이 없다.

대회장에서 소속 선수 전원을 만날 수 없다면 경기 전에 전화통화라도 해야 한다. 선수들이 각자 무엇을 필요로 하는지 점검해서 경기 전후에 챙겨주는 것이 좋다. 그것이 혼자서 여러 선수를 케어하는 유일한 방법이다.

계약서에는 '국내에서 활동 시 선수의 가치를 높이고, 활동하는 데 있어서 최대한 지원한다'라는 내용을 담는다. 좀 더 구체적으로 설명하면 용품이나 의류를 후원받을 수 있도록 돕고, 대회를 치르는 데 있어서 불편함이 없도록 한다는 뜻이다.

스타 선수와 매니지먼트 계약을 하면 기업 후원 외에도 스포츠 행사나 이벤트를 개최해 수익을 올릴 수 있다. 화보나 단행본을 발행하는 등 소속 선수들의 초상권과 관련해서 수익을 올리기도 한다.

스포츠대회 · 이벤트 운영대행

　　스포츠대회나 이벤트 운영은 스포츠선수 매니지먼트와 함께 핵심 사업이라고 할 수 있다.

　스포츠선수 매니지먼트 사업을 창업 후 단기 수익 아이템으로 잡았다면 스포츠대회나 이벤트 기획·운영은 중장기 아이템으로 잡는 것이 좋다. 기획과 입찰 경쟁, 대회 준비과정 등을 포함하면 1년 이상의 시간이 필요하다. 창업 전부터 시간적 여유를 가지고 꼼꼼히 준비하는 것이 성공확률을 높이는 비결이다. 스포츠마케팅 회사에 출장이 많고 업무가 고된 이유가 바로 스포츠대회 운영 업무 때문이다.

　대회 기간은 종목과 규모, 성격에 따라 다르다. 하루에 끝나는 대회부터 일주일 이상 치러지는 대회까지 다양하다.

　스포츠대회 시즌도 종목마다 다르다. 여름 스포츠는 4~11월이지만, 프로농구나 프로배구 같은 겨울철 실내 스포츠는 10월부터 다음 해 5월까지 이어진다. 이 기간에는 거의 매주 대회가 치러진다.

대회는 대부분 주말과 휴일을 끼고 있어서 주말 기분을 내며 쉴 수 있는 날이 많지 않다. 운영을 맡은 대회가 많을수록 바쁘고 고단하겠지만, 그만큼 수익은 올라간다. 1년 내내 한 개 대회도 맡기가 어려운 소자본 창업자들에게는 꿈 같은 일이다.

대회 운영을 맡은 회사는 대회 시작 전부터 현장에 나가 준비를 하고, 대회가 끝날 때까지 모든 상황을 손바닥 들여다보듯이 파악하고 있어야 한다. 언제 어디서 무슨 일이 터질지 알 수 없기에 긴장을 늦출 수 없다. 모든 경기와 시상식이 마무리되더라도 스포츠마케터의 업무는 끝이 아니다. 기사가 송출되는 프레스룸에 마지막까지 남아 모든 상황이 종료될 때까지 현장을 지키며 관리하고 책임을 져야 한다.

스포츠대회나 이벤트 운영권을 따내는 일은 쉽지 않다. 하지만, 한두 차례만 경험을 쌓아도 업계에서 인정을 받을 수 있다. 다른 사업을 유치하는 데도 훌륭한 경쟁력으로 작용한다.

그렇다고 해서 크고 작은 대회를 영업 이익 없이 운영해 스펙을 쌓는 데 활용하지는 마라. 당신 회사는 물론이고 경쟁 업체에도 큰 피해를 가져다준다.

본격적으로 스포츠대회나 이벤트 운영과 관련해서 설명하기 전에 한 가지 질문을 던져보겠다. 스포츠대회나 이벤트라고 하면 가장 먼저 무엇이 떠오르는가? 아마도 동·하계올림픽과 FIFA 월드컵, 아시안게임, 종목별 세계선수권대회와 같은 스포츠 빅 이벤트를 떠올릴 것이다.

맞다. 정확하게 잘 짚었다. 위에서 열거한 대회들이 대표적인 스포츠 이벤트다. 잘 알려졌다시피 동·하계올림픽과 FIFA 월드컵, 아시안 게임은 4년에 한 번 새로운 개최지에서 열리고, 세계육상선수권대회와 동·하계 유니버시아드대회는 2년마다 개최된다.

이런 국제적 규모의 스포츠 이벤트는 대회 시작 전에 조직위원회를 꾸린다. 소자본 창업을 준비하고 있다면 국제적인 스포츠 이벤트 조직위원회에서 일해보는 것도 소중한 경험이 된다.

조직위원회 스포츠마케터로 선발되면 대회 홍보·마케팅을 비롯해 해당 대회와 관련한 전방위적인 스포츠마케팅을 진행한다. 스포츠 이벤트 중에서도 메이저 세계를 경험하기 때문에 업계에선 상당한 경력으로 인정해준다.

기회가 많지 않고, 활동 기간도 짧은 건 단점이다. 대회 개최 주기가 2~4년인 데다 국내에서 열릴 가능성이 희박하다. 국내에서 열린다 해도 조직위원회 스포츠마케터로 선발된다는 보장이 없다. 냉정하게 말하면 평생에 한 번 근무하기도 어렵다. 대회가 끝나면 조직위원회는 해단하기 때문에 다른 직장을 알아봐야 한다.

스포츠대회 입찰 경쟁을 뚫어라

지금부터는 스포츠대회나 이벤트 대행 사업 방법을 설명하겠다. 위에 열거한 대회들 외에도 수많은 스포츠대회가 있다. 지금 이 순간에도 크고 작은 스포츠대회가 열리고 있다. 프로 스포츠가 아니라도 종목별로 전국대회와 지역대회가 열린다. 비교적 규모가 큰 아마추어 대회도 있다. 이 모든 대회엔 후원 기업과 대회 운영을 대행할 회사가 필요하다.

스포츠마케팅 회사는 대회를 주최하는 단체, 후원 기업과 함께 대회를 기획·운영하면서 수익을 올릴 수 있다.

규모가 큰 대회는 공개 입찰을 통해서 운영사가 결정된다. 평소 스포츠 단체와 유대관계를 쌓지 않았다면 곤란하다. 모든 스포츠 단체는 어렵더라도 당신이 집중적으로 공략할 종목의 단체와는 반드시 유대관계를 쌓아야 한다.

프로농구 A팀의 홈구장 운영 대행사 선발 평가 기준

항목	배점	세부내용
참신성	15	콘셉트, 이벤트 아이디어, 운영방안
연속성 ㅣ 연관성	20	기존 구단 운영 형태 이해도
효율성	20	인력 운영 계획 및 비용
수익성	25	광고 유치 능력 및 현실성
안정성	20	과거 실내 스포츠 운영 경력 및 성과
계	100	

스포츠대회 운영 회사 공개 입찰 경쟁에 들어가면 제안서를 제출해 여러 회사와 경쟁해야 한다. 입찰 경쟁에서는 해당 스포츠 단체와의 유대관계 외에도 대회 운영 경험, 기획력, 운영능력, 회사 규모, 소속 스포츠마케터들의 경력(능력) 등을 종합적으로 평가받는다.

현역 스포츠마케터나 스포츠마케팅 회사 대표들의 의견을 모아보면 인맥에 따라 결정되는 경우가 적지 않다고 한다. 그만큼 다양한 사람과 인연을 맺는 것이 무엇보다 중요하다. 일면식도 없는 스포츠마케터에게 제안서만으로 판단해서 대회를 맡길 가능성은 작다는 뜻이다. 불합리하다고 생각해도 어쩔 수 없다.

규모가 작은 대회도 마찬가지다. 대회 운영 기회를 잡기 위해서는 해당 스포츠 단체와의 유대관계가 대단히 중요하다.

스포츠대회 운영 수익 얼마나 될까?

기존에 없던 새로운 대회를 기획하는 것도 좋은 방법이다. 기존 대회는 운영사가 이미 정해져 있고, 입찰 경쟁을 하더라도 소자본 창업자가 따내기는 쉽지 않다. 하지만 새로운 대회를 기획해서 기업에 제안하면 오히려 가능성이 넓어진다. 기업이 무엇을 원하는지 파악하고 적절한 시기에 제안하면 뜻밖의 좋은 결과를 얻기도 한다.

제안서 작업은 무엇보다 중요하다. 규모가 큰 스포츠마케팅 회사에선 제안서 작업을 팀별로 여러 명이 진행한다. 대회 개요와 운영, 방송·언론 보도, 혜택 등을 상세하게 적어 넣으려면 일주일 동안 철야 작업을 해야 할 때도 있다.

소자본 창업자는 이 모든 것을 혼자서 해결해야 한다. 대회가 없는 비시즌이라도 쉴 틈이 없다. 스포츠대회 기획 제안서는 적어도 7~8개, 많으면 10개 이상 만들어 놓자. 그중에서 1~2개만 사업으로 이어져도 대성공이다.

한 번도 열린 적이 없는 스포츠대회는 사실상 무형의 상품이다. 제안서만으로 기업의 후원을 유도해야 한다. 기획과 글뿐만 아니라 디자인도 신경을 써라. 인맥이 아니라면 제안서가 성패를 좌우한다. 그만큼 제안서 작업은 중요하다. 당신이 가진 모든 것을 제안서 작업에 쏟아부어라.

제안서에는 대회 운영과 관련해서 구체적인 내용을 담는다. 그중에서도 이벤트 기획이 빠져선 안 된다. 차별화된 대회를 위해 이벤트만큼 효과적인 수단이 없다. 대회마다 최소 2~3개의 이벤트를 준비하는 것이 좋다.

골프대회는 대회에 앞서 프로암대회와 포토콜 이벤트를 진행한다. 이것도 대회 콘셉트에 맞게 기획력을 발휘하면 완전히 새로운 대회로 탈바꿈한다. 갤러리 이벤트는 협회, 후원사와 회의하면서 아이디어를 내기도 한다.

대회를 마치면 괜찮은 수익을 올릴 수 있다. 기획료와 운영대행료는 스포츠마케팅 회사의 수익이 된다. 전체 행사비 규모와 성격에 따라 달라질 수 있지만, 골프대회는 전체 비용의 5~10%를 운영대행 수수료로 계산한다. 후원사와 협의해서 일정한 대행료를 정하기도 한다.

스포츠마케팅 회사 능력 판단 기준

스포츠대회는 운영을 맡은 회사가 어디냐에 따라 전혀 다른 대회로 탈바꿈한다. 콘셉트는 물론이고 대회 수준도 한 단계 올려놓을 수도 있다. 앞서 설명했듯이 국내 스포츠마케팅 회사는 대회 운영사라고 해도 운영을 대행하는 일만 맡지는 않는다. 새로운 아이디어를 내거나 발전적인 방향을 조언하기도 한다.

스포츠마케팅 회사의 능력을 판단하는 기준은 크게 세 가지다. 첫 번째는 스타 선수 섭외다. 2006년 서울에서 열린 현대카드 슈퍼 매치Ⅲ는 당시 남자 테니스 세계랭킹 1, 2위였던 로저 페더러Roger Federer와 라파엘 나달Rafael Nadal이 출전해 전 세계인의 관심을 집중시켰다. 대회 운영사였던 세마스포츠마케팅은 이 대회 하나로 기획력과 추진력, 글로벌 네트워크를 검증받았다.

대회장 입구에 설치한 장치장식물. 대회 전에 시행사에 맡겨서 설치한다.

두 번째는 꾸준함이다. 스포츠대회는 화려하게 치르는 것보다 무사히 치르는 것이 더 중요하다. 대중이나 언론은 화려하게 치러진 대회에 대해서 크게 의미 부여를 하지 않는다. 하지만 대회 중 발생하는 사건·사고와 논란에 대해서는 혹독하다. 그만큼 후유증이 오래 남는다. 해당 단체와 후원 기업의 이미지는 땅바닥으로 떨어질 수 있다. 화려하지 않아도 안정되고 꾸준하게 대회를 운영하는 회사가 더 인정받는다.

세 번째는 스포츠마케터의 아이디어다. 스포츠마케터의 아이디어에 따라서 대회의 색깔이 달라지기도 한다.

골프대회 시상식은 레드카펫 위에서 우승 재킷을 입고 우승 트로피를 드는 것으로 마무리된다. 그 이상도 이하도 없다. 챔피언 퍼레이드를 하거나 우승 트로피를 바꿔보기도 하지만, 큰 틀에서 바뀌지는 않는다.

이런 천편일률적인 시상식을 뒤집은 대회가 S-OIL 챔피언십이다. 1·2·3위 선수가 시상대에 올라 각각 금·은·동메달을 목에 거는 올림픽 방식을 도입했다.

장치장식물에도 스포츠마케터의 아이디어가 반영된다. KLPGA 투어 넥센·세인트나인 마스터즈는 장치장식물로서 넥센 타이어와 세인트나인 골프공의 정체성을 제대로 드러냈다. 장치장식물만으로도 높은 점수를 줄 수 있는 대회다. KB금융 스타챔피언십은 대회장에서 쓰이는 모든 소모품을 친환경 소재로 채택했다는 점에서 주목받았다. 이 대회를 운영한 리앤에스스포츠는 전인지, 박인비 같은 핵심 선수들이 참가한 이벤트를 유튜브 라이브 중계로 선보이기도 했다.

스포츠 구단 운영대행

 2021년 9월 광주광역시에 여자프로배구단이 창단됐다. 페퍼저축은행 AI 페퍼스다. V-리그 여자부의 7번째 구단이자 남녀부를 통틀어 유일하게 호남을 연고로 하는 구단이라는 점이 관심을 끌었다. 2011년 화성 IBK 기업은행 이후 꼭 10년 만의 신생팀 창단이라는 점도 배구 팬들을 설레게 했다.

 김연경을 앞세운 한국 여자배구는 2020 도쿄올림픽에서 4강에 진출하며 전국을 배구 열기로 몰아넣었다. 조별예선에서 숙적 일본을 꺾었고, 8강에서는 세계랭킹 4위 터키를 3대2로 제압했다. 감동과 환희는 국내 배구 팬들의 관심과 열기로 이어졌고, 기업은 신생팀 창단으로 화답했다. 코로나19 펜데믹과 무관중 경기라는 냉혹한 현실 속에서도 배구에 대한 사회적 관심은 빠르게 퍼져나갔다.

 AI 페퍼스가 주목받은 건 단순히 배구 열기와 맞물린 신생팀이어서

가 아니다. 경기 외적으로도 이채로운 면이 많다. 당신이 스포츠마케팅 회사를 차릴 생각이라면 구단 운영 방식에도 관심을 돌려보기 바란다. 모기업인 페퍼저축은행을 대신해 스포츠마케팅 회사가 구단 운영을 맡았다는 점이다. KMG라는 스포츠마케팅 회사로 비슷한 시기 창단한 골프단도 함께 운영한다.

기존 프로 스포츠 구단은 독립법인을 설립하거나 모기업의 특정 부서에서 팀 운영을 담당해왔다. 해당 스포츠 단체에서 스포츠팀 운영을 대신한 적도 있다. 스포츠마케팅 회사가 스포츠 구단의 운영권 전체를 맡은 사례는 흔치 않다.

이것은 프로 스포츠 구단 운영이 스포츠마케팅 회사의 세일즈 영역에 들어왔다는 것을 의미한다. 국내 스포츠산업이 전문성이라는 옷으로 갈아입으면서 업무의 분업화, 전문화로 가고 있음을 직감할 수 있다.

스포츠마케팅 회사가 스포츠팀을 맡아야 하는 이유

우리나라 4대 프로 스포츠의 구단 운영 방식을 살펴보자. 모든 종목이 단일 리그로 홈 앤드 어웨이 방식을 채택하고 있다.

KBO리그와 K리그는 대부분 구단이 독립법인을 설립해 팀을 운영한다. 농구, 배구는 모기업이 담당 부서를 꾸려서 구단을 운영하는 것이 일반적이다. 이외의 대부분 종목도 기업 내 담당 부서에서 구단을 직접 운영한다.

하지만 근래 들어 달라진 풍경이 있다. 구단 운영에 전문성을 가진 스포츠마케팅 회사가 그 업무를 대신하기 시작했다. 협력업체에 업무를 맡기듯이 스포츠 구단 운영도 전문 기업의 손을 빌리는 추세다.

스포츠 구단 운영대행을 맡은 회사는 선수 선발과 관리, 운영, 홍보, 마케팅 등 모든 업무를 책임진다. 계약 조건에 따라 다르겠지만, 모기업에 보고와 승인만 받는 형식이 일반적이다.

기업이 스포츠 구단 운영을 스포츠마케팅 회사에 맡기는 이유는 기업이 스포츠마케팅을 하는 이유와 같다. 첫 번째는 시행착오를 줄이고 전문성을 높이기 위해서다. 두 번째는 해당 업무를 전담할 부서와 인재가 없기 때문이다. 스포츠와 관련한 기업이 아니라면 어쩔 수 없는 일이다. 기업이 자체적으로 스포츠 구단을 운영하려면 스포츠마케팅 전담 부서를 신설하거나 독립법인을 설립해야 한다. 5~6명 이상의 전문 인력도 필요하다. 그만큼 많은 예산이 들어가지만, 스포츠 구단 운영을 중단할 경우 관련 부서 직원들은 길거리로 내몰릴 수 있다.

한 예로 V-리그 여자부 화성 IBK 기업은행은 구단 운영 미숙을 여실히 드러냈다. 감독과 선수 사이 갈등을 조기에 봉합하지 못해 문제를 키웠다. 감독과 선수, 기업과 선수 사이 노련한 중재자만 있었어도 촌극은 발생하지 않았을 것이라 확신한다.

스포츠 구단 운영권 따내기

스포츠 구단을 전문 회사에 맡기는 기업은 앞으로 더 늘어날 것으로 전망한다. 스포츠마케팅에 관심 있는 기업의 상당수가 스포츠팀 창단에도 관심을 보이기 때문이다. 하지만 스포츠팀 운영을 위한 지식과 경험은 거의 없어서 또 다른 형태의 IBK 기업은행 사태가 벌어지지 않는다는 보장이 없다. 그만큼 스포츠마케팅 회사의 역할이 중요해졌다.

그렇다면 당신이 기업으로부터 스포츠 구단 운영권을 따내기 위해서는 어떻게 해야 할까? 두 가지 방법이 있다. 공개 입찰에 참여하는 방법과 스포츠팀 창단을 기업에 제안하는 방법이다.

두 방법 모두 해당 종목에 대한 해박한 지식과 폭넓은 네트워크를 갖추고 있어야 가능하다. 해당 종목 선수를 많이 알고 있으면 당연히 유리하다.

첫 번째 방법은 국내 스포츠팀이 많지 않은 데다 공개 입찰에서 선정될 가능성도 희박하다. 내가 추천하는 방법은 후자다. 스포츠 구단 운영에 자신이 있다면 기업에 창단·운영 제안서를 내보라. 해당 기업의 콘셉트에 부합하는 팀 창단을 제안한다면 긍정적인 반응이 돌아올 것이라고 확신한다. 스카우트 가능한 선수와 구단 콘셉트를 정해서 평소 스포츠마케팅이나 스포츠 구단에 관심이 있는 기업들에 제안서를 제시해보자. 스포츠팀 창단에 관심이 있는 기업은 의외로 많다. 자신감을 가지고 추진하라.

당신이 기획한 스포츠 구단이 창단된다면 회사의 주력 사업이 될 수 있다. 스포츠 구단 운영대행 수익은 계약 조건에 따라 달라진다. 정해진 틀은 없다. 기업으로부터 운영대행료를 매월 받을 수도 있고, 한 시즌 운영대행료를 한꺼번에 받기도 한다. 성적에 따른 인센티브를 모기업으로부터 받을 수도 있다.

여기서 다시 골프 이야기를 해보겠다. 이 책에서 골프를 자주 거론하는 이유는 실제 매출로 이어질 가능성이 큰 종목이기 때문이다.

골프계는 스포츠 구단 운영대행이 활발하게 이루어지고 있다. '개인 종목인 골프에서 무슨 구단이냐?'라며 의아하게 생각할 사람도 있을 것이다. 따지고 보면 골프에 구단이 있을 리가 없다. 하지만 골프계에서는 한 기업이 2명 이상의 선수를 후원하면 골프단이라는 말을 붙여준다. 기업은 물론이고 선수들도 소속감이 있는 '구단'이라는 표현을 좋아해서 자연스럽게 통용되고 있다.

스포츠 구단을 창단하면 조인식을 열고 보도자료를 발송해야 한다.

골프단 창단과 운영 방법

프로골프단은 4대 프로 스포츠와 비교해 운영비가 적게 들지만, 마케팅 효과는 쏠쏠하다. SBS GOLF, JTBC GOLF 같은 골프 전문 채널이 있어서 홍보 효과가 좋은 편이다. 미디어의 발달이 기업의 과감한 투자로 이어졌다고 볼 수 있다.

우리나라에서 처음으로 골프단을 운영한 기업은 하이마트다. 2000년대 초반부터 한 시즌에 10명이 넘는 선수를 후원한 적도 있다. 롯데는 2012년에 하이마트를 인수해 골프선수들까지 롯데 소속으로 받아들였다.

골프구단이 활성화된 건 2000년대 중후반부터다. 기업의 골프선수 후원이 붐을 맞으면서 골프단 전성시대가 열렸다. 전 세계 어디에도 없는 우리만의 프로골프 구단 문화가 만들어진 셈이다. 골프선수 매니지먼트 사업이 활발해진 것도 이 시점이다.

골프는 2021년 기준으로 국내에서만 50개 기업이 메인 후원사로서 188명의 선수를 개별 후원했다. 도휘에드가가 13명을 후원했고, 대방건설 9명, 한화큐셀 8명, 하이원리조트 7명 순으로 많았다. 그야말로 스폰서 풍년이다.

이중 상당수는 스포츠마케팅 회사에 골프단 창단과 운영대행을 맡기고 있다. 롯데, 메디힐, 대방건설은 대홍기획에서, GTG웰니스, 넥시스는 넥스트스포츠에서 골프단을 운영한다.

후원 기업은 대기업과 금융사는 물론이고 건설사, 카드사, 주류업체, 주방가구업체, 음료 회사, 제약회사, 병원, 종합 리조트, 여행사, 스포츠 브랜드, 치킨 프랜차이즈, 대리운전업체까지 다양하다. 골프 마케팅이 기업의 브랜드 홍보 수단으로서 얼마나 널리 활용되고 있는지를 알 수 있다.

스포츠 구단 운영이 그렇게 호락호락하지는 않다. 기업과 선수 사이에서 난처한 일은 전부 스포츠마케터의 몫으로 돌아온다.

과거 금융권 골프단 팀장을 맡았을 때다. 2007년 창단한 이 골프단에는 강지만, 공영준, 김형태, 데이비드 오, 류현우, 이승호, 주흥철, 황인춘 등 국내 남자골프를 대표하는 선수들이 소속해 있었다. 창단 이듬해인 2008년엔 2승을 달성하며 돌풍을 일으켰다. 당시 언론에서도 구단 운영이나 성적에 관해서 호의적인 기사가 많았다.

그러나 이면을 들여다보면 불편한 진실이 있다. 모기업은 우승이 없는 시즌이면 투자 대비 성적에 불만을 느꼈고, 선수는 구단 운영이나 처우에 만족하지 못했다. 쓴소리는 전부 내게로 쏟아졌고, 모든 쓴소리는 거르고 걸러서 모기업과 선수들에게 전달하는 방식으로 소통했다. 스포츠마케터가 중재자 역할을 제대로 수행하지 못하면 여러 사람이 시련을 겪을 수 있다. 스포츠 구단 모든 실무자의 말 못 할 고민이다.

스포츠 브랜드 **홍보 마케팅 대행**

　　　　　　스포츠업계에는 종목별로 수많은 용품과 의류 업체가 있다. 스포츠마케터는 최대한 많은 업체와 유대관계를 유지해야 세일즈를 쉽게 할 수 있다.

　스포츠용품이나 의류 업체는 해당 종목 선수들에게 물품을 후원하면서 브랜드를 알린다. 이런 방법의 마케팅을 선수 마케팅 또는 선수 프로모션이라고 부른다.

　스포츠선수들이 사용한 용품이나 의류는 검증된 제품이라는 인식이 있어서 기존 광고보다 효과적이라는 것이 선수 마케팅에 적극적인 업체들의 입장이다.

　스포츠용품이나 의류를 유통하는 업체 중에서 선수 마케팅을 단 한 번도 생각해본 적이 없는 회사는 없지 않을까 싶다. 그만큼 스포츠용품이나 의류 회사에서 스포츠마케팅은 중요한 홍보 · 마케팅 수단이라고 할 수 있다.

대부분 용품이나 의류 회사는 마케팅팀에서 전담 직원이 선수 프로모션을 포함한 스포츠마케팅을 전개한다.

하지만 작은 회사는 상황이 다르다. 홍보·마케팅부나 전담 직원을 둘 여력이 없는 회사가 많다. 스포츠마케팅에는 뜻이 있으나 엄두를 내지 못한다. 선수를 활용한 스포츠마케팅과 미디어를 활용해 브랜드의 가치를 높이는 방법도 알지 못한다. 이 점을 잘 활용하면 또 다른 수익을 만들 수 있다.

선수 마케팅이 가장 활발한 종목

업체들의 내부 사정이 파악되었다면 협업할 만한 회사가 어느 정도 눈에 들어올 것이다. 그렇다면 당신이 생각한 업체들에 브랜드 홍보·마케팅 업무 대행을 제안해보자. 평소 관심은 있었으나 실행하지 못했던 스포츠마케팅을 비교적 합리적인 비용으로 제시하거나 상호 협력적인 마케팅 방법을 제안한다면 새로운 비즈니스가 만들어질 수 있다.

스포츠용품과 의류 업체가 가장 많이 몰려 있는 종목도 골프다. 골프는 스포츠산업 중에서도 골프 산업으로서 따로 분류할 만큼 규모가 크다. 골프채를 비롯해 골프의류, 골프신발, 골프공, 각종 연습기, 액세서리 등 용품과 의류만 따져도 수많은 업체가 있다.

선수 마케팅에 적극적인 골프채 브랜드는 타이틀리스트, 캘러웨이골프, 테일러메이드, 핑골프, 젝시오, 야마하 골프, 브리지스톤골프, 요넥스, 혼마골프 등이다. 의류브랜드는 나이키, 아디다스, 풋조이, PXG, 핑

골프, 팬텀, 와이드앵글 등이 선수 프로모션을 진행하고 있다. 페어라이어 같은 신생 의류브랜드도 스포츠마케팅에 적극성을 띠고 있다.

스포츠마케터가 골프에 관심이 없거나 사전 지식이 모자라면 곤란하다. 시장을 보는 눈이 좁아지고, 활동 영역도 제한적일 수밖에 없다. 골프를 모른다면 지금 당장 배워라. 그렇게 어렵지 않다.

선수 프로모션 효과

골프를 좋아하는 사람이라면 2008년 PGA 챔피언십을 기억할 것이다. 양용은은 이 대회에서 한국인 첫 미국프로골프^{PGA} 투어 메이저대회 챔피언이 됐다. 타이거 우즈와 챔피언 조로 출발해 역전 우승을 거두면서 한국 골프사에 새로운 역사를 썼다. 타이거 우즈의 대회 마지막 날 역전 불패 신화를 깨트린 사건이기도 했다.

양용은은 우승이 확정된 뒤 자신의 골프백을 머리 위로 들어 올리는 다이내믹한 우승 세리머니를 펼쳐 보였다. 당시 양용은은 테일러메이드로부터 후원을 받고 있었기 때문에 골프채와 모자, 골프백이 전부 테일러메이드 제품이었다. 그가 들어 올린 골프백에는 테일러메이드 영문 로고가 선명했다. 이 장면은 TV를 통해 전 세계에 방영됐다.

TV 화면에 비친 양용은의 골프백은 시중에 판매되던 제품이 아니다. 양용은의 PGA 챔피언십 출전을 기념해 테일러메이드가 특별 제작한 제품이었다. 테일러메이드는 양용은 우승 직후 이 제품을 한정수량 제작했는데, 순식간에 팔려나갔다. 골프백뿐만 아니라 경기 중에 그가 사용한 골프채와 골프의류, 신발도 엄청난 특수를 누렸다. 이것이 선수 프로모션 효과다.

선수 프로모션 효과는 큰 대회나 스타 선수들에게만 나타나는 현상이 아니다. 국내 대회라도 우승한 선수나 화제의 선수가 사용한 제품, 의류는 늘 날개 돋친 듯 팔려나간다. 드라마틱한 우승 스토리까지 덤으로 얻는다면 금상첨화다. 스포츠용품이나 의류 업체가 선수 마케팅에 관심을 가질 수밖에 없는 이유다.

브랜드 홍보 · 마케팅 대행 사업하기

만약 당신이 한 스포츠의류 업체의 홍보 · 마케팅 대행을 맡는다면 어떤 업무를 진행하게 될까?

첫 번째는 선수 마케팅이다. 마케팅 대행을 맡은 의류브랜드의 콘셉트에 어울리는 선수를 선정해 업체가 후원할 수 있도록 돕는다. 상황에 따라서는 업체가 원하는 선수를 먼저 지정할 수도 있다. 그럴 땐 당신의 네트워크를 총동원해서 선수를 섭외해야 한다.

골프의류 업체의 선수후원 규모는 신인급 기준으로 연간 3000만~4000만 원 상당의 물품이다. 국가대표나 상비군 출신은 1000만 원 정도의 후원금을 별도로 받을 수도 있다. 이건 에이전시 능력과 상관없이 시장에서 어느 정도 합의가 이루어진 기준이다.

선수와의 계약까지 마쳤다면 프로필 촬영과 영상 광고 촬영 등을 통해 대외적으로 홍보해야 한다. 후원 조인식을 개최하거나 언론에 보도자료를 발송해 미디어 홍보 효과를 주는 것도 잊어선 안 된다.

두 번째는 각종 이벤트 기획 · 추진이다. 골프선수의 경우 프로암대회를 개최하거나 팬 미팅을 열 수도 있다. VIP 회원을 대상으로 레슨 이벤트를 열기도 한다. 사인볼이나 사인 모자를 거래처에 돌리는 것도 하나의 방법이다.

세 번째는 보도자료 작성·배포다. 선수와 관련된 이슈 외에도 의류 업체의 행사나 신제품이 출시될 때마다 보도자료를 작성해 언론에 발송해야 한다. 최대한 많은 미디어에서 기사가 나갈 수 있도록 이슈를 만드는 것도 스포츠마케터의 능력이다.

스포츠 브랜드 홍보대행 주요 업무

선수 마케팅	이벤트 기획	보도자료 작성
● 스포츠 선수 추천 ● 스타 선수 섭외	● 이벤트 대회 기획 ● 팬 미팅 기획	● 소속 선수 보도자료 ● 브랜드 보도자료

어떤 영역에서 어느 정도까지 업무를 수행할 것인지는 스포츠마케팅 회사와 의류 업체가 협의해서 결정해야 한다. 홍보·마케팅 대행 수수료는 업무량이나 깊이를 참작해서 결정하면 된다. 홍보·마케팅 대행 수수료를 매달 책정해서 받는 방법도 있다.

스포츠마케팅 회사에서 이 같은 업무를 전문으로 하는 경우는 거의 없다. 나는 창업 전에도 골프용품 마케팅을 오랫동안 경험했기 때문에 용품이나 의류 회사의 내부 사정을 누구보다 잘 알고 있었다. 어떤 회사든 홍보·마케팅팀 직원들은 늘 업무 과부하상태. 좀처럼 자기반성 시간을 가질 여유가 없다. 일부 회사는 홍보 업무만 따로 떼서 외주를 맡기기도 한다.

그러나 홍보회사는 스포츠마케팅을 깊이 있게 알지 못한다. 선수 프로모션이나 이벤트 기획에는 손을 대지 못한다. 보도자료를 작성해서 미디어에 배포하는 업무가 전부다.

스포츠마케팅 회사는 홍보회사가 하는 업무에 선수 프로모션과 이벤트 기획을 맡아서 할 수 있다. 브랜드의 발전 방향을 함께 모색하기도 한다. 비슷한 금액이라면 어떤 회사에 업무를 맡기겠는가?

이 사업이 성사되면 당신 회사에 상당한 시너지 효과가 발생한다. 고정 수입이 생길 뿐 아니라 선수 매니지먼트와 스포츠대회 운영대행 사업을 탄력 있게 진행할 수 있다. 브랜드를 키워낸다는 보람도 있다. 기존 업무와 겹치는 부분이 많아서 업무 과부하를 걱정하지 않아도 된다. 1인 창업자가 최소한의 인원으로 맡기에는 최적의 사업이다.

방송중계권 계약

　　프로레슬링은 한때 국내 최고의 인기 스포츠였다. 변변한 볼거리가 없던 1960~1970년대에 전성기를 누렸다. 부산에서 어린 시절을 보낸 나는 프로레슬링 경기가 있는 날이면 동네 전파사 앞을 에워싸던 사람들을 자주 목격했다.

　　키 큰 어른들 사이를 비집고 들어가니 흑백 TV 한 대가 놓여 있었다. TV에선 박치기왕 김일로 추정되는 대한민국 레슬러가 일본 선수를 호쾌하게 제압하는 장면이 펼쳐졌다. 마을 잔치라도 열린 듯 어른들의 환호성과 박수 소리, 웃음소리가 뒤엉켜 있었다. 어렴풋한 기억이지만, 스포츠 중계가 지닌 마성을 태어나 처음으로 맛본 경험이었다.

　　대한민국 스포츠 중계의 역사를 훑어보면 옛 추억이 새록새록 돋아난다. 1983년 멕시코에서 열린 FIFA U-20 월드컵은 전 국민을 라디오 앞으로 끌어모았다. 학교에선 수업을 중단하고 라디오 중계를 틀어주었다. 골이라도 들어가면 교실 전체가 아수라장이 되어버렸다. 박종환 감독이 이끌던 대한민국 대표팀은 4강 신화를 이루며 전국을 축구 열기로 몰아넣었다.

"조국에 계신 동포 여러분 기뻐해 주십시오"라며 외치던 캐스터의 떨리고 흥분된 목소리가 지금도 생생하다.

2002년에는 FIFA 한일 월드컵이 수많은 사람을 TV 앞으로 모이게 했다. 경기장에 들어가지 못한 사람들은 자발적으로 서울광장과 광화문 일대에 모여 길거리 응원을 펼쳤다. 도시는 온통 붉은 물결이었다. 100만 명 이상의 사람이 붉은 티셔츠를 입고 나와 약속이나 한 듯이 '대~한민국'과 '오~필승 코리아'를 외쳤다.

광적인 축구 열기는 월드컵 특수로 이어졌다. 어디서 누굴 만나도 축구 이야기 하나로 통했다. 대한민국 대표팀이 강력한 우승 후보였던 포르투갈과 이탈리아, 스페인을 연거푸 잡고 4강 신화를 이룬 덕에 세일즈맨들의 영업은 '땅 짚고 헤엄치기'였다는 다소 과장된 말까지 돌았다. 대부분 기업이 선심 쓰듯이 홍보·마케팅 예산을 집행하면서 업종을 막론하고 세이즈맨들의 행복한 비명이 여기저기에서 터져 나왔다.

스포츠 중계의 마성은 그야말로 대단했다. 사람을 끌어모았고, 정치적·경제적·사회적 근심을 잊게 했다. 막혀 있던 돈줄까지 돌게 했으니 돈으로 환산하기 어려운 파급력을 지닌 듯하다.

스포츠 중계가 TV 중심에서 인터넷·모바일 중심으로 넘어가자 우리 사회는 또 다른 변화를 맞이한다. 스포츠 중계를 좀 더 쉽게 접하게 되면서 길거리 응원은 점차 힘을 잃게 됐고, 나 홀로 응원, 방콕 응원을 즐기는 사람이 늘어났다.

직장에서는 아침부터 몰래 메이저리그 같은 해외 스포츠를 보는 사람도 있다. 야근이라도 있는 날엔 모바일로 프로야구를 관전하며 업무를 보기도 한다.

이러한 현상은 코로나19 펜데믹으로 더 빠르게 확산했다. 각자의 스마트 기기로 스포츠를 관람한다. 일면식도 없는 사람들과 채팅을 하고 응원전을 펼친다.

과거엔 스포츠 중계 관람 후 삼삼오오 모여 여러 사람이 이야기꽃을 피웠지만, 지금은 스포츠 중계를 보면서 채팅과 댓글로서 팬심을 확인할 수 있게 됐다. 미디어 플랫폼은 더 편리하게, 치밀하게, 기발하게 진화하고 있다.

미디어 플랫폼의 진화를 이끈 건 스포츠마케터들이다. 스포츠 중계권 계약이라는 새로운 형태의 사업을 탄생시키면서 현대 스포츠를 경기장 중심에서 미디어 플랫폼 중심으로 바꾸어놓았다.

사실 스포츠 중계권 사업은 스포츠마케팅과 방송 미디어의 영역에 걸쳐 있다. 굳이 따지면 미디어 사업에 가깝다.

방송중계권 사업을 하기 위해서는 방송국 경력이 있어서 방송중계권 계약과 스포츠에 대한 충분한 이해가 있어야 한다. 자본력도 뒷받침해야 한다. 그래서 다룰 수 있는 회사가 많지 않다. 소자본 창업자가 접근하기에는 어려운 영역이지만, 미디어 플랫폼 사업이 다양화되고 있어서 수익 아이템을 만들 기회가 전혀 없는 건 아니다. 다시 강조하지만, 스포츠마케팅은 자본력보다 지식과 정보·아이템 경쟁이다.

국내에서는 갤럭시아SM과 SPOTV 채널을 운영하는 에이클라엔터테인먼트, SBS 자회사인 리앤에스스포츠 등이 스포츠 중계권 사업을 하는 기업들이다. 특정 스포츠 기관이나 단체로부터 중계권을 따내서 채널을 운영하거나 중계권을 방송국에 되파는 방식으로 수익을 낸다. 문서와 권리만으로 큰 수익을 올릴 수 있는 고부가가치 아이템이다. 스포츠 중계권 계약을 스포츠마케팅의 꽃이라고도 한다.

중계권 협상 과정과 판매 방법을 익혀두면 새로운 수익 모델 개발이나 다른 사업과 접목한 수익 아이템도 기대할 수 있다. 유튜브 채널 같은 뉴 미디어가 늘어나는 요즘 스포츠 중계권 시장은 관심 있게 지켜볼 영역이다.

스포츠 머천다이징

　　　　　PGA 투어 메이저대회 마스터스가 열리는 오거스타 내셔널 골프클럽에는 한 라운드 평균 4만 명이 넘는 갤러리가 입장한다. 입장객 중 다수는 18번 홀 깃발과 사인펜이 든 패키지를 구매하는 데 망설이지 않는다. 자신이 좋아하는 선수의 사인을 18번 홀 깃발에 받기 위해서다. 경기 후 수많은 인파가 스타 선수들의 사인을 받기 위해 긴 줄을 늘어선다. 갤러리들의 손엔 너나 할 것 없이 깃발과 사인펜이 들려 있었다.

　성공한 스포츠 머천다이징의 한 예다. 18번 홀 깃발이라는 패키지는 오거스타 내셔널 골프클럽 방문과 마스터스 직관, 그리고 스타 선수와의 특별한 만남을 기념하려는 갤러리들의 마음을 교묘하게 파고든 상품이다.

　스포츠 머천다이징은 팬덤을 겨냥한 기획상품을 마케팅하거나 판매하는 행위다. 넓은 의미에선 스포츠 상품화라고도 한다. 좀 더 쉽게 설명하면 특정 스포츠 리그(투어)나 구단, 선수와 관련한 상품을 판매하는 일이다. 아쉽게도 우리나라는 시장이 작고 대중적이지 않아서 수익을 바라보기가 쉽지는 않다.

이 책을 쓰면서 스포츠마케팅 주요사업으로서 스포츠 머천다이징을 넣어야 할지 마지막까지 고민이 됐다. 하지만 스포츠 머천다이징은 스포츠마케팅에 있어서 빠질 수 없는 사업 아이템이고, 국내 시장 전망도 밝아서 소개하는 것이 옳다고 판단했다. 내가 머천다이징 사업 전망을 밝게 보는 이유는 크게 여섯 가지다.

경기력 향상과 국제대회 호성적

스포츠 흥행을 위해 경기력 향상은 필요충분조건이다. 경기력 향상과 국제대회 호성적 없이 흥행을 기대하기는 어렵다. 스포츠 흥행은 머천다이징 시장 확대로 이어질 가능성이 크다. 우리나라 선수들은 대부분 종목에서 우수한 기량을 보인다. 어떤 종목이라도 머천다이징에 필요한 최소한의 상품성은 갖췄다.

올림픽 같은 국제대회에서는 늘 주목받는 종목과 새로운 스타가 나온다. 2020 도쿄올림픽에선 김연경을 앞세운 여자배구가 4강에 재진입하며 흥행에 불을 지폈다. 김연경과 관련한 굿즈는 올림픽 후에도 불티나게 팔려나갔다.

탁구 신유빈, 높이뛰기 우상혁, 수영 황선우는 도쿄올림픽을 통해 새로운 스타로 떠올랐다.

굿즈 품질향상

스포츠 굿즈 상품화가 본격적으로 이루어진 건 1990년대 후반부터다. 당시는 스포츠팬들로부터 크게 주목받지 못했다. 이유는 저급한 제품이라는 인식이 강했기 때문이다.

팬들의 인식이 바뀌기 시작한 건 스포츠 패션 브랜드들이 스포츠 머천다이징 사업에 뛰어들면서다. 제품 품질은 향상됐고, 아이템은 다양해졌다. 기존 머천다이징 상품은 유니폼, 모자, 야구공 같은 제품이 주류였다면 최근에는 일상생활에서도 입거나 사용할 수 있는 티셔츠, 우산, 머그컵, 키홀더, 캐릭터 콜라보 상품까지 등장했다. 스포츠팬들의 선택 폭은 그만큼 넓어졌다.

프로 스포츠 흥행

스포츠 머천다이징 활성화를 위해서는 프로 스포츠 흥행이 필수적이다. 우리나라엔 5개 프로 스포츠가 인기다. 4대 프로 스포츠(축구·야구·농구·배구)에 골프가 포함된다. 프로 스포츠 역사가 가장 긴 골프부터 5종목 모두 탄탄하고 안정된 리그가 운영되고 있다. 특히 프로야구는 연간 800만 명 이상이 경기장을 찾는 국내 최고의 인기 스포츠다. 축구, 야구, 골프는 봄부터 가을까지, 농구와 배구는 가을부터 다음 해 봄까지 이어진다. 연중 프로 스포츠 리그가 끊이지 않는다.

팬덤 문화 확산

팬덤의 확산은 대한민국 스포츠의 오늘을 말하는 데 있어서 절대 빼놓을 수 없다. 외국과는 사뭇 다른 한국식 팬덤 문화는 팬카페를 중심으로 덩치가 커졌다. 수많은 사람이 주로 온라인에서 활동하면서 해당 구단이나 선수와 관련한 정보를 공유한다. 팬카페의 역사는 길지 않지만, 빠른 속도로 확산하면서 대한민국 스포츠 문화로서 자리를 잡았다. 스포츠마케팅 회사는 소속 선수의 팬카페와 이벤트를 함께 기획하기도 한다.

골프 대회장에 마련된 굿즈 판매 현장.

국민 소득 증가

초창기 프로야구는 폭력으로 얼룩졌다. 영호남은 지역감정으로 대립했고, 관중은 이기는 것 외엔 관심이 없었다. 하지만 소득의 증가는 야구팬들의 스포츠를 대하는 생각과 태도를 바꿔놓았다. 승리도 중요하지만 즐거움 추구를 더 중요한 요소로 생각하기 시작했다. 요즘 스포츠 대회장에선 경기만 보고 돌아가는 사람은 많지 않다. 목청껏 응원하면서 치맥을 먹고 쇼핑도 즐긴다. 기념이 될 만한 것을 찾는다. 각종 이벤트도 적극적으로 참여한다. 스포츠 소비문화는 점점 더 다양해지고 있다.

여성 팬 증가

과거 스포츠는 남성들의 전유물이었다고 해도 과언이 아니다. 최고의 인기 스포츠인 프로야구장에서조차 여성 관중을 찾기가 쉽지 않았다. 2000년대 중반부터는 야구장 풍경이 완전히 달라졌다. 젊은 여성들이 폭발적으로 증가하면서 야구장 문화가 오락이나 피크닉 중심으로 바뀌었다.

여성들의 스포츠 참여는 머천다이징 시장의 확대와 직결된다. 각 구단은 여성 관중이 늘어나자 여성들의 취향을 저격한 굿즈를 경쟁적으로 내놓았다. 양말, 휴대전화 케이스, 각종 액세서리 등 아기자기한 상품을 출시하며 여성 소비자들의 구매욕을 자극하고 있다.

스포츠 머천다이징의 성공 사례들을 분석해 보면 몇 가지 눈여겨볼 것이 있다. 상품성과 가격, 판매 위치. 우리나라에서는 2000년 이후 상품성과 가격이 크게 개선되었다는 평가를 받지만, 굿즈의 판매 위치는 여전히 풀어야 할 과제로 보인다.

2015년 인천 송도에서 열린 프레지던츠컵(미국과 인터내셔널 팀의 남자골프 대항전)은 스포츠 머천다이징의 대표적인 성공 사례다. 이 대회는 출입

구부터 코스까지 머천다이징 판매대를 설치해 갤러리들의 눈길을 사로잡았다. 거대한 쇼핑몰을 반드시 거치도록 해서 경기 관람 전후 자연스럽게 굿즈 구매로 이어지게 한 것이다.

국내 골프대회는 대회장 활용 면적이 넓지 않다. 이와 같은 방법을 그대로 도입하기는 불가능에 가깝다. 갤러리 동선과 굿즈 판매대가 완전히 분리된 경기장도 적지 않다. 프로골프가 대중에게 큰 인기를 얻고 있음에도 굿즈 판매 실적은 저조한 이유가 이와 무관하지 않다.

수요자는 많지만, 굿즈는 팔리지 않는다. 굿즈가 많이 진열되어 있어도 '살 만한 굿즈가 없다'는 말이 반복해서 나온다. 스포츠 머천다이징 시장에 뛰어들기 전에 이런 현상에 대해 깊이 있게 고민해봐야 한다.

스포츠시설 운영·관리

　스포츠마케팅 회사를 창업한 A가 있다. 회사를 차린 지 1년 정도 지났을 때다. 한 스포츠시설 대표 B로부터 전화가 걸려왔다. B는 A에게 자신의 스포츠시설 운영을 맡아줄 수 있냐고 물었다. A와 B는 일면식도 없는 사이였으나 A의 회사 블로그에 올라 있는 글을 보고 문의 전화를 한 것으로 보인다.

　A는 갑작스러운 제안에 어리둥절했지만, 자세한 이야기를 들어보기 위해 B가 운영하는 스포츠시설을 찾아갔다. 오픈한 지 얼마 되지 않은 피트니스 센터였다. A가 방문한 시간은 오후 3시께였는데, 운동하는 회원은 많지 않았다. 건물 안에는 중간중간 자투리 공간이 눈에 들어왔다.

　A는 시설과 위치, 수익성을 따져본 뒤 여러 방법을 B에게 역으로 제안했다. B는 A의 제안을 받아들여 피트니스 센터를 위탁 운영하기로 했다.

당신이 스포츠시설 운영·관리에 관심이 있다면 솔깃한 내용일 것 같다. 스포츠마케팅 회사를 운영하다 보면 종종 이런 기회가 찾아온다. 준비만 잘 되어 있다면 굴러들어온 기회를 놓치지 않을 것이다.

A는 창업 후 1년 이상 이렇다 할 수익 아이템을 찾지 못했다. 그러나 B를 만나면서 인생이 바뀌었다. 비록 소자본으로 혼자서 창업을 했지만, 스포츠시설 운영·관리에 해박한 지식과 정보를 가지고 있었다. 준비된 사업가였기에 기회를 놓치지 않았다.

스포츠시설을 위탁하는 이유

스포츠시설을 운영하는 회사(개인)가 스포츠마케팅 회사에 운영·관리를 의뢰하는 이유는 크게 두 가지다. 목표 매출을 달성할 자신이 없거나 여러 이유로 매출이 나지 않는 것이 첫 번째다. 스포츠시설 운영 경험과 지식·노하우가 부족한 것이 두 번째 이유다.

스포츠시설 운영 경험이 없는 회사가 처음부터 목표한 매출을 달성하기는 어렵다. 수많은 장비와 시설을 관리하는 일이 까다롭고, 분야별 전문가 영입은 더 어렵다. 무엇보다 시장의 구조와 섭리를 제대로 이해하지 못해 실패하는 사례가 많다.

반면에 일정한 운영비를 주고 위탁 업체에 맡기면 많은 시간과 노동력을 아낄 수 있다. 잘하면 목표했던 매출을 조기에 달성할 수도 있다.

스포츠시설 위탁 운영 시장은 갈수록 커질 전망이다. 크고 작은 스포츠시설이 계속해서 생겨나고 있지만, 시장 경쟁이 치열해서 매출을 내기가 쉽지 않다. 운영·관리에는 고도의 전문성과 노하우가 요구된다.

골프장과 골프연습장을 예로 들어보겠다. 과거에는 골프장 코스 관리만 전문업체에 위탁하는 회사가 많았다. 요즘은 골프장 운영 전체를 맡기는 추세다. 골프연습장도 마찬가지다. 한 회사가 여러 골프연습장을 위탁하면서 체인처럼 운영하는 시설이 많다. 프로골퍼 한 명이 여러 골프연습장에 똑같은 레슨 프로그램을 만들어 운영하거나 한 명의 경영 전문가가 여러 골프연습장의 경영을 관리하는 시스템이다. 시간과 지식만 투자하면 업무는 자동으로 돌아간다. 부족한 인력은 분야별로 필요한 만큼 보충하면 된다.

스포츠시설 위탁 전문업체는 많은 시설을 맡을수록 운영에 시너지효과를 볼 수 있다. 회원 혜택은 다양해지고, 이벤트는 폭넓게 진행할 수 있다. 당연히 더 많은 매출이 기대된다.

피트니스 센터를 운영하려면 상식의 틀을 허물고, 변화하는 세상에 빠르게 대처해라.

수익 보장은 필수

　스포츠시설 운영·관리를 통한 수익 정산은 여러 방법이 있다. 매월 시설 운영·관리비용을 청구하거나 매출 일부(%)를 수수료로 뗄 수도 있다. 스포츠마케팅 회사로서는 높은 매출이 예상되는 시설일수록 매출 일부를 수수료로 취하는 것이 유리하다. 이와 관련해서는 양사가 계약 시 협의해서 결정하면 된다.

　어떤 조건으로 계약하든 수익 보장은 필수다. 스포츠시설 소유주는 여러 방법을 고민하다 스포츠마케팅 회사에 위탁 운영을 의뢰했을 가능성이 크다. 스포츠시설 운영·관리를 맡고 싶다면 여러 방법을 동원해서 매출을 내야 한다. 만약 매월 1000만 원의 수익을 올리던 피트니스 센터라면 최소 1500만 원 이상의 수익을 올릴 수 있어야 한다. 수익성이 떨어지는 사업엔 누구도 투자하지 않는다.

상식의 틀을 허물어라

　당신이 B의 피트니스 센터를 맡았다고 가정하자. 반드시 흑자 경영을 해야 한다. 어떻게 운영할 생각인가? 기존 피트니스 센터가 가진 상식의 틀에서 완전히 벗어나야 한다.

　첫 번째는 공간 활용을 잘해야 한다. B의 피트니스 센터처럼 자투리 공간이 많아선 안 된다. 자투리 공간이 많을수록 돈이 새어나간다는 사실을 알아야 한다. 공간을 최대한 활용해 매출을 올리는 방법을 고민하자.

　두 번째는 다양한 연령대 회원 유입을 위한 프로그램 개설이다. 근력

운동만 하는 곳에서 벗어나 다양한 연령대의 회원이 다양한 프로그램을 즐길 수 있도록 해야 한다. B의 피트니스 센터처럼 특정 시간대엔 회원 출입이 뜸해지면 곤란하다. 방문객들에게 끊임없이 살아 움직이는 모습을 보여주는 것도 대단히 중요하다.

세 번째는 시대 흐름을 빠르게 파악해야 한다. 기존 피트니스 센터의 낡은 프로그램을 그대로 도입하면 경쟁력이 없다. 새로운 시장을 개척한다는 생각으로 계속해서 새로운 프로그램을 개설하자.

예를 들어 바디프로필이 유행이라면 바디프로필을 계획 중인 사람들을 위한 클래스 개설도 고민할 필요가 있다. 목표가 뚜렷한 회원들이 동호회식으로 가입할 수 있으니 회원 유입 효과는 분명하게 나타난다.

4부

스포츠마케터 영업 기밀

기업은 어떤 방법으로든
마케팅을 한다.
단지 마케팅을 실행하는 방법과
과정이 달라질 뿐이다.
긍정적인 생각으로
변화하는 시대에 발 빠르게
대처하자.

스포츠마케팅 **기획력 기르기**

　　　　　스포츠마케터에게 요구되는 중요한 업무 능력이 기획력이다. 스포츠라는 소재를 활용해 수익을 창출해내는 일련의 과정과 방법을 계획하는 일이 되겠다.

아쉽지만 이 방법은 누구도 가르쳐주지 않는다. 정답이 없는 일이니 어쩔 수 없다. 없는 길을 개척해서 새로운 비즈니스 모델을 만들어야 하는 스포츠마케터로서는 절대로 포기할 수 없는 업무 영역이다.

기획 중에서도 신규 사업 기획은 회사의 미래를 좌우하는 중요한 작업이다. 소자본 창업자에게는 두말할 나위가 없다. 기존 스포츠에이전시의 사업 아이템을 그대로 따라가서는 회사 발전에 크게 도움이 되지 않는다. 여러 회사가 경쟁하는 시장에 똑같이 발을 담그면 경쟁은 치열해지고, 수익률은 떨어진다. 내 회사뿐만 아니라 업계 전체가 위기를 맞을 수 있다. 당신만의 기획력을 발휘해서 새로운 판로를 개척해야 한다.

예를 들어서 같은 스포츠대회를 진행하더라도 기존에 없던 방법을 채택하거나 아예 새로운 대회를 기획하면 그만큼 수익률이 올라간다.

현장에서 보물을 찾아라

그렇다면 사업 기획을 잘하려면 어떻게 해야 할까? 스포츠 현장을 많이 다녀야 한다. 스포츠 대회장이나 스포츠 관련 이벤트 현장을 방문하면 여러 힌트를 얻을 수 있다. 좀 더 과장해서 말하면 엄청난 보물이 숨어 있을 수도 있다.

현장을 방문했을 땐 눈에 보이는 것만 봐서는 발전이 없다. 선수나 경기 장면, 경기 결과만 보는 사람은 스포츠마케터로서 높은 점수를 주기 어렵다. 남들이 보지 않는 곳이나 아예 눈에 보이지 않는 것을 볼 줄 알아야 한다.

경기장 이면에서 일어나는 일을 보고, 대회가 어떻게 흥행할 수 있었는지 분석하면서 '나라면 어떻게 하고 싶다'라는 생각을 가져야 한다. 그렇게 해야 사업 기획의 기초체력을 단련할 수 있다.

현장에 나가지 않고 TV로만 경기를 보면 경기 내용 외엔 아무것도 보이지 않는다. 시야는 좁아지고 배울 수 있는 것도 없다. 유능한 스포츠마케터가 되고 싶다면 반드시 현장에 나가라. 현장에서 일어나는 모든 것을 보고 듣고 느껴야만 창의력이 길러지고, 아이디어도 낼 수 있다.

스포츠를 바라보는 시각도 중요하다. 전 삼성그룹 회장 이건희는 영화광이었다. 그의 영화 감상 방법은 독특했다. 주인공에 집중하기보다 조연의 자리에서 바라보거나 영화감독의 눈으로 돌려보기도 했다. 때론 카메라맨이 되어 영화에 몰입했다. 영화를 보는 시각에 따라 전혀 다른 감동과 재미가 느껴졌다. 같은 영화라도 여러 시각에서 다양한 분석을 할 수 있었다.

한 분야에 성공한 사람들은 사물을 바라보는 특출한 눈을 지녔다. 사업에 성공한 사람들은 무엇을 봐도 평범한 눈으로 바라보지 않는다. 남들의 시선이 미치지 않는 곳에서 수익 아이템을 찾아낸다.

스포츠라고 다를 게 없다. 평범하지 않은 시각으로 스포츠를 바라보자. 바라보는 시각에 따라 전혀 다른 그림이 그려진다. 스포츠에서 경기만 보인다면 당신은 아직 관람객 수준이다. 지금부터는 스포츠마케터의 눈으로 바라보라. 스포츠 경기에서 돈의 흐름이 보이기 시작한다면 당신은 이미 훌륭한 스포츠마케터다. 그것을 회사의 수익 창출 아이템으로 발전시켜라.

경기장을 방문해서 경기 외적인 것을 보는 훈련을 해야 한다.

기획력이 자라나는 과정을 눈으로 확인할 수는 없다. 거울을 보면서 웨이트트레이닝을 해본 적이 있을 것이다. 근육이 발달하는 모습을 확인하기 위해 무거운 아령을 들었다 내리기를 반복하지만, 하루 이틀 운동했다고 해서 근육이 쉽게 나오지는 않는다. 수개월 동안 꾸준하게 운동하다 보면 자신도 모르는 사이에 달라진 근육량을 확인할 수 있다.

사업 기획의 근력도 단기간에 길러지지 않는다. 눈으로 확인할 수도 없다. 가능하면 많은 대회장이나 행사장을 다니면서 보고 듣고 느껴야 한다. 그날 보고 듣고 느낀 점을 토대로 실현 가능한 사업 기획을 세워보자. 그렇게 오랫동안 훈련하다 보면 스포츠 속에서 돈의 흐름을 읽을 수 있는 날이 온다.

어느 시점에선 기획력이 한계에 부딪힐 수도 있다. 근육이 어느 정도 발달하면 성장이 둔해지는 것과 같다. 그 벽을 넘어야 더 크게 성장한다.

현장에서 찾지 못한 보물은 책에 있다

책을 읽는 습관도 중요하다. 현장에 나가 체험하는 일은 시간적, 공간적 한계가 있다. 책을 읽으면 시간적, 공간적 한계를 넘어 여러 분야를 간접 체험할 수 있다. 현장에서 찾지 못한 보물은 책에서 찾으라고 권하고 싶다.

한 가지 일에만 전념하다 보면 시야가 흐려지고 생각의 폭도 좁아진다. 기존 사고의 틀에서 벗어나기가 어렵다. 아무리 좋은 아이디어를 짜내고 싶어도 거기까지다.

이럴 땐 다양한 장르의 책을 읽는 것이 좋다. 문학, 정치, 경제, 인문,

자기계발, 과학·기술, 예술, 건강, 여행 등 분야를 가리지 마라. 단, 너무 어려운 책은 역효과가 날 수 있으므로 당신 수준에 맞는 책을 골라 읽어라.

    하루에 30분이라도 짬을 내서 책 읽는 습관을 들이자. 꾸준히 책을 읽다 보면 세상을 보는 눈과 생각의 폭이 넓어진다. 아주 엉뚱한 곳에서 사업 아이템을 발견할 수도 있다.

다윗은 **골리앗보다 빠르다**

　소자본 창업자는 넘어야 할 산이 많다. 창업과 동시에 위기가 찾아오고, 한숨 돌릴 만하면 또 다른 위기가 온다. 그야말로 산 넘어 산이다. 크고 작은 산을 여러 번 넘다 보면 산을 넘을 수 있는 근력이 생긴다. 다윗은 골리앗과 싸울 힘과 지혜를 얻게 된다.

　작은 스포츠마케팅 회사를 운영하는 사람은 골리앗과 싸우는 걸 두려워해선 안 된다. 당신은 다윗이고, 규모가 큰 에이전시는 골리앗이다. 소자본으로 혼자서 스포츠마케팅 시장에 뛰어든 순간부터 골리앗과 싸워야 한다. 선수 영입 경쟁은 기본이고 스포츠대회 운영권 경쟁, 기업이나 스포츠 브랜드 회사의 후원을 받아야 할 때도 골리앗을 이겨야 한다. 그럴 자신이 없다면 창업을 해선 안 된다.

　스포츠업계에서 당신 회사보다 작은 스포츠에이전시는 없다. 소자본으로 혼자서 이제 막 창업했다면 당연한 일 아닌가. 경쟁사들이 골리앗까지는 아니라도 최소한 당신 회사보단 덩치가 크고 경험도 많다.

그럼 여기서 두 가지를 묻고 싶다. 당신은 골리앗과 싸워서 이길 자신이 있는가? 있다면 무엇으로 승부를 걸 생각인가?

이 물음은 당신이 회사를 창업하고 운영하는 과정에서 운명처럼 따라다닐 것이다. 해답을 찾아낼 때까지 말이다. 만약 이 물음의 해답을 스스로 제시할 수 있다면 당신의 미래는 당분간 쾌청한 날이 이어지리라 확신한다.

창업 전에 해답을 찾아내기는 쉽지 않다. 창업 전에 보았던 시장과 창업 후 펼쳐지는 시장은 다르다. 창업 후 눈 앞에 펼쳐질 시장은 부딪혀보지 않고선 확인할 방법이 없다. 나 역시 몸으로 부딪히면서 살아남을 방법을 하나씩 터득했다.

혹시 당신이 찾아낸 방법이 간절함과 성실성인가? 간절함과 성실성만으로 모든 것을 극복할 수 있다고 생각하는가? 막연하게 이 두 가지만으로 어떻게든 되겠거니 생각했다면 고생 문이 활짝 열린 거다. 지금 당장 시장에 나가 골리앗과 상대해 보라. 그들과 같은 방법으로 경쟁한다면 게임 자체가 되지 않는다.

규모가 큰 스포츠에이전시는 인적 자원과 정보력이 풍부하다. 기업과의 소통도 빠르고 정확하다. 당신보다 못한 것이 아무것도 없다. 게다가 대부분 기업이 당신을 외면할지도 모른다. 그 이유에 대해서는 앞에서 충분히 설명했다. 이래도 간절함과 성실성만으로 이길 수 있다고 생각하는가?

골리앗을 스피드로 따돌려라

세상에 완벽한 사람은 없다. 골리앗도 완벽하지 않다. 아니 허점투성이다. 덩치가 커서 압도적으로 보이지만, 속을 들여다보면 오합지졸이다. 특히 몸이 둔하다. 큰 덩치 때문에 빨리 움직일 수가 없다. 그래서 골리앗을 상대할 때는 빠르게 움직여서 따라오지 못하게 만들어야 한다.

어떤 조직이든 마찬가지다. 조직이 클수록 움직임이 둔하다. 담당자가 모든 것을 혼자서 결정하고 움직일 수가 없다. 반드시 결재 라인을 거쳐야 한다. 그만큼 시간이 많이 소요된다. 결재 라인에서 소통이 잘 못되면 원점에서 다시 시작해야 한다.

당신의 회사는 어떤가? 결재 라인 자체가 없다. 혼자서 결정해 곧바로 움직이면 된다. 빠른 판단과 실행력은 당신을 따라올 회사가 없다. 세계에서 가장 빠른 회사다. 자부심을 느껴도 된다.

무엇을 어떻게 해야 할지 정답은 나와 있다. 골리앗이 움직이기 전에 빠르게 승부수를 던져라. 선수 후원 제안이든 스포츠대회 운영권 경쟁이든 골리앗보다 한발이라도 빨리 움직여라.

물론 제안서 제출이 선착순은 아니다. 제안서를 빨리 들이민다고 해서 선뜻 '오케이' 사인을 줄 회사는 없다. 작은 에이전시를 상대하지 않는 기업은 제안서가 빨리 들어오든 늦게 들어오든 당신을 외면할 것이다.

그러나 골리앗보다 먼저 제안하지 않으면 기회조차 얻지 못한다. 골리앗이 휩쓸고 지나가면 이미 게임은 끝나버린다. 단 1%의 가능성이라도 높이고 싶다면 반드시 골리앗보다 먼저 움직여라.

2016년 말에 있었던 일이다. SK네트웍스의 국내 여자 프로골퍼 후원 정보를 입수했다. 나는 우리 회사 소속이던 안소현의 소개서를 빠르게 작성해서 그날 당장 제안서를 넣고 연락을 취했다. 앞뒤 따지지 않고 그야말로 전광석화처럼 움직였다. 나중에 알게 된 사실이지만, 내가 SK네트웍스에 선수 후원 관련으로 찾아간 첫 번째 스포츠마케터였다.

결과는 예측하기가 어려웠다. 이미 여러 기업으로부터 거절당했던 터라 큰 기대는 할 수 없었다. 결과는 성공이었다. SK네트웍스가 안소현의 메인 스폰서로서 후원 계약을 체결했다. 그 짜릿한 성취감을 글로 표현하지 못하는 게 아쉬울 뿐이다.

만약 그때 내가 다른 스포츠에이전시보다 빠르게 움직이지 않았다면 그 짜릿한 성취감은 다른 누군가의 몫이 됐을지도 모른다. 행운도 도전하는 사람만이 잡을 수 있다.

골리앗에 없는 유연성을 활용하라

골리앗을 이길 또 하나의 방법은 유연성이다. 골리앗에겐 유연성이 없다. 덩치가 큰 사람치고 유연성 좋은 사람은 거의 없다. 큰 조직도 마찬가지다. 원칙과 절차를 중요하게 생각하는 만큼 유연하게 대처하지 못한다.

당신은 어떤가? 상황에 따라 유연하게 대처할 준비가 되었는가? 반드시 그래야 한다. 당신이 골리앗을 상대할 때 유연하지 못하면 결과는 뻔하다.

예를 들어서 기업이 원한다면 최대한 수용할 준비가 되어 있어야 한다. 기존 방식에 얽매여선 안 된다. '안 된다', '힘들다'라고 주장하면 기업은 당신과 계약할 이유가 없어진다. 여러 가능성을 열어서 다양한 방향으로 접근하자. 어떤 상황이라도 서비스 범위를 넓혀라. 그리고 유연하게 대처하라.

골리앗의 가랑이를 파고들어라

대형 에이전시들이 시장을 주도하더라도 낙담하지 마라. 당신이 먹고 살 만한 틈새시장은 분명히 존재한다. 그건 당신 하기에 달렸다.

선수와의 계약을 예로 들어보겠다. 대형 스포츠에이전시들이 유명 선수들을 장악하는 건 틀림없는 사실이다. 그렇다고 모든 선수를 다 차지할 순 없다. 이름이 덜 알려진 중하위권 선수나 신인급 선수는 사각지대에 남겨지는 경우가 많다. 상품 가치가 낮게 매겨진 선수이거나 회사의 이미지와 어울리지 않는다고 판단해 일부러 포기한 선수도 있다. 작은 회사에선 그런 선수들도 훌륭한 자산이다. 이것저것 따져선 안 된다.

개별적으로 기업 후원을 받는 개인 종목 선수들은 기업 후원이 자존심이자 명예다. 계약금 액수를 떠나서 후원 기업이 있다는 것 자체가 큰 힘으로 작용한다. 후원사도 없이 중하위권을 배회하던 선수가 새로운 기업으로부터 후원을 받으면서 펄펄 나는 경우도 종종 있다. 중하위권 선수라고 해서 언제나 중하위권 성적만 낸다는 법칙은 없다.

나는 중하위권 선수들과 인연이 깊다. 창업 초기엔 소속 선수 대부분이 무명이거나 중하위권이었다. 주변에선 "넥스트스포츠엔 무명 선수밖에 없냐"라는 비아냥도 들렸다. 하지만 나는 숨은 보석 찾기에 열중했고, 그 선수들이 나와 회사에 큰 행운을 가져다주었다. 기대하지도 않은 상황에서 우승이 터져 나오면서 회사가 성장하는 데 밑거름이 되어주었다. 스포츠는 각본 없는 드라마다.

비즈니스 룰을 지배하라

지금까지 골리앗을 상대로 이길 수 있는 세 가지를 소개했다. 여기에 한 가지를 덧붙이고 싶다. 당신이 가진 장점을 비즈니스에 반드시 적용하라는 점이다. 그리고 그 비즈니스를 자신만의 룰로 정하자.

모든 업계에는 보이지 않는 비즈니스 룰이 존재한다. 당신이 경쟁에 뛰어드는 순간 골리앗에 맞춰진 불공정한 룰이 족쇄처럼 당신의 발목을 옥죄어올 수도 있다. 족쇄를 풀지 못하면 뛰지도 날지도 못한다. 처절한 생존게임에서 당신은 늘 골리앗의 희생양이 될 수밖에 없다.

기존의 비즈니스 방식에 절대 얽매여선 안 된다. 당신만의 비즈니스 룰을 만들어라. 그리고 당신이 만든 비즈니스 룰로 골리앗과 상대하라. 이 게임의 지배자는 당신이다.

모든 사람을 내 편으로 만드는 행동 요령

사람 관리는 스포츠마케팅에서 가장 큰 비중을 차지하는 업무다. 하루의 절반은 사람을 만나서 이야기하고 정보를 교환하면서 보낸다. 업무 특성상 인간관계가 원활하지 않고선 매출을 올리기 어렵다. 운 좋게 매출을 올리더라도 지극히 제한적인 관계에서 고립된 세일즈를 할 수밖에 없다. 스포츠마케팅 회사에서 사람 관리는 재물 관리와 같다. 회사를 제대로 운영하려면 사람 관리에 모든 것을 걸어야 한다.

언론사와 좋은 관계 유지하기

언론과의 관계를 부담스러워하는 사람이 많다. 기자는 대부분 마감에 쫓겨 살기 때문에 만나기가 쉽지 않다. 만나더라도 명함을 교환하고 자기소개를 한 뒤에는 분위기가 서먹해지기 쉽다. 기자에게 스포츠마케팅 회사 대표 명함을 건네면 사회 초년생으로 돌아간 기분이 들기도 한다.

갑을 관계에서 이처럼 분명한 을이 또 있을까? 언론사와의 관계 유지는 참으로 껄끄럽기까지 하다.

그렇다고 기자들을 피하거나 무시할 수는 없다. 내 회사와 관련된 일을 세상에 알리기 위해선 언론을 통해 기사가 나가야 한다. 기사가 나가지 않으면 대중에 알려지지 않을 뿐만 아니라 내 회사에서 하는 업무 자체가 공신력을 잃게 된다. 무엇을 하더라도 홍보 효과가 떨어진다. 기업은 기사가 나가지 않는 당신 회사와 거래하지 않는다.

기자들과 좋은 관계를 유지하고 싶다면 자주 연락하고 자주 만나야 한다. 그렇다면 기자들은 어디에서 만나는 게 좋을까? 스포츠 대회장이나 행사장에 가면 자연스럽게 만날 수 있다. 명함을 건네면서 정중하게 인사하면 된다. 간단하게 자기소개를 해도 좋다. 인사말로서 가장 좋은 멘트는 '기사 잘 보고 있습니다'다. 실제로 최근에 읽은 기사에 대해 질문하거나 이야기할 수 있다면 더 좋다. 자기 기사에 관심을 가지고 읽는 사람을 싫어할 기자는 아무도 없을 테니까.

새로운 정보를 알고 있다면 기자와의 관계에서 한 걸음 더 다가갈 수 있다. 기자들은 늘 새로운 정보에 목말라 한다. 신문사에선 단독(특종) 기사를 쓰면 인사고과에 가산점을 준다. 같은 기사를 쓰더라도 경쟁 매체 기사에 없는 정보를 한 줄이라도 추가하는 것이 좋다. 만날 때마다 새로운 정보를 주는 사람은 모든 기자가 환영한다.

기자들을 만날 준비가 됐다면 새로운 정보를 준비해라. 최소한 거리낌 없이 인사를 나눌 수 있는 사이가 될 때까지 그 정도 노력은 해야 한다. 나중엔 내가 연락하지 않아도 기자들로부터 먼저 연락이 올 때도 있다. 그 정도까지 발전하면 대성공이다. 기자에게 좋은 정보를 주면 인용문으로서 당신 회사와 당신 이름이 기사에 실릴 수도 있다.

스포츠기자는 대부분 전문기자다. 신문사는 보통 일정 기간마다 부서와 보직이 바뀌지만, 스포츠는 전문 분야로 인정해주는 언론사가 많다. 그래서 해당 분야에 지식이 풍부하고 정보가 빠르다. 인맥도 광범위한 사람이 많아서 친해지면 나쁠 게 없다. 분위기가 딱딱하고 불친절하다는 편견을 가진 사람도 있는데, 실제로 만나보면 그렇지 않다. 달변가가 많아서 재미없는 이야기도 재미있게 만든다. 친분이 쌓이면 이야기를 잘 들어주기만 해도 좋은 분위기를 이어갈 수 있다.

기자들을 만나기 어려운 상황이라면 전화나 이메일로 인사를 대신해도 괜찮다. 기자의 이메일은 기사 바이라인에 달려 나온다. 기자를 회사 행사나 이벤트에 초청하고 싶다면 이메일을 보낸 뒤 전화통화를 하면서 의향을 묻는 것이 좋다. 전화는 회사로 걸어서 해당 부서 기자를 부탁하면 된다. 원하는 기자와 통화가 성사됐다면 반드시 전화번호를 받아라.

한 번 더 강조하겠다. 기자들과 만날 때는 늘 새로운 정보를 준비하자. 그것이 기자들과 친해질 수 있는 가장 좋은 방법이다.

기업과 좋은 관계 유지하기

기업에서 스포츠마케팅 업무는 보통 마케팅부가 맡는다. 스포츠 브랜드나 용품을 유통하는 기업은 스포츠마케팅 전담 부서와 직원이 있지만, 일반 기업은 그렇지 않다. 스포츠마케팅 업무에만 전념할 수 있는 환경이 아니다. 스포츠마케팅 업무는 수많은 업무 중 일부에 불과하다. 그러다 보니 관심 종목과 업계 정보에 어두울 때가 많다. 이점을 잘 활용하면 기업과의 영업에서 주도권을 잡을 수 있다.

기업과의 세일즈를 계획하고 있다면 우선 기업이 무엇을 원하는지 파악해야 한다. 예를 들어 선수단 창단을 원하는지, 대회나 이벤트를 생각하고 있는지, 특정 선수를 개별 후원하려 하는지 알아야 한다. 그래야 기업과 세일즈 기회를 만들 수 있고, 제안서라도 넣어볼 수 있다. 여기엔 자신이 가진 정보력을 총동원해야 한다.

기업이 무엇을 원하는지 알았다면 관련 정보를 모아야 한다. 기업이 선수단 창단을 계획하고 있다면 기업 이미지와 어울리거나 의미를 부여할 수 있는 선수들을 리스트에 올려보자. 해당 선수와 리그(투어) 정보, 최신 동향 따위를 함께 정리해두면 더 좋다.

관련 정보를 모두 취합했다면 기업에 제안서를 내보자. 기업 담당자는 대부분 그 분야에 깊이 알지 못한다. 가능하면 이해하기 쉽게 설명해야 한다. 제안서를 받는 사람이 결재권자가 아닐 경우 더 구체적으로 설명해서 보고하기 좋게 제안하자.

결재권자를 알고 있다면 업무는 훨씬 쉬워진다. 하지만 이제 막 창업한 사업 초짜가 결재권자를 알기는 어렵다. 실무를 담당하는 팀장급만 알아도 된다. 단, 여러 사람 결재가 필요한 말단 사원에게 제안하면 가능성은 더 희박해진다.

나중에 결재권자를 알게 되면 업무에 지름길이 생긴 셈이다. 결재 단계가 한 단계라도 줄면 가능성은 그만큼 올라간다. 결재권자를 알았다고 해서 전에 알던 실무 담당자를 무시해서는 안 된다. 서로 오해가 없도록 같은 제안서라도 두 사람에게 똑같이 보내서 동시에 검토할 수 있도록 하는 것이 좋다. 같은 제안서를 두 사람에게 보냈다는 사실은 사전에 알려서 오해가 없도록 한다. 제안서 검토 후 두 사람이 의견을 나눌지는 두 사람의 몫이다.

제안서가 채택되지 않더라도 너무 실망할 필요는 없다. 여러 번 제안서를 보내고 통화하다 보면 기업과 친분이 쌓인다. 먼저 연락을 하지 않아도 기업으로부터 연락이 올 때도 있다. 그때마다 필요한 정보를 제공하거나 도움을 주면 다음번 제안에선 분명히 좋은 결과를 기대할 수 있다.

모든 선수를 내 편으로 만들기

가능하다면 모든 선수를 내 편으로 만들어야 한다. 모든 선수는 스포츠마케팅 회사의 잠재 고객이자 훌륭한 자산이라고 앞에서도 충분히 설명했다. 대부분 스포츠마케팅 회사는 대회 성적이 좋은 선수나 스타 선수를 쫓는 경향이 있다. 그런 식으로 선수를 편애하면 안 된다.

스포츠마케터는 기업이 원하면 언제라도 콘셉트에 맞는 선수를 연결할 준비가 되어 있어야 한다. 성적과 상관없이 인성이 좋은 선수, 신체적 장애가 있는 선수, 운동 외에도 재능이 많은 선수 등 모든 선수를 내 편으로 만들어야 스포츠마케팅 업무가 쉽고 재미있어진다.

어떻게 하면 모든 선수를 내 편으로 만들 수 있을까? 기자들은 선수와 인터뷰를 하면서 쉽게 친해진다. 사진기자는 현장에서 선수들 일거수일투족을 카메라에 담는다. 역시 거리낌 없이 친해질 수 있다.

선수와 스포츠마케터 사이에 가장 중요한 건 돈이다. 기업 또는 구단과 협상하면서 선수의 몸값을 얼마나 올려줄 수 있냐가 스포츠마케터의 능력이다. 그것이 선수와의 관계를 오래도록 이어가는 방법이기도 하다. 대부분 선수는 자기 주변 선수와 몸값을 비교하기 때문에 기대치에 미치지 못하면 회사를 원망한다. 다음 계약 땐 다른 회사로 떠난다.

선수와 스포츠마케터 사이에 돈이 전부는 아니다. 선수들에게 감동과 믿음을 줄 수 있는 스포츠마케터는 돈의 마성도 뛰어넘는다. 선수에게 감동과 믿음을 주기 위해 알아야 할 것들을 정리해봤다.

첫째, 진정성을 보여야 한다. 소속 선수라면 말할 것도 없고, 계약 관계가 아니라도 거리낌 없이 도움을 주는 것이 좋다. 맡은 일만 처리하지 말고 선수에게 도움이 될 만한 것들을 먼저 알아서 꼼꼼하게 챙겨주자.

둘째, 도움이 될만한 조언을 하자. 앞으로 선수 생활을 어떻게 해야 할지나 팬서비스에 대한 조언을 해주면 당신에 대한 신뢰가 쌓인다. '진정으로 나를 위해서 일하는 사람이구나'라는 확신이 생길 것이다. 그런 선수는 언젠가 당신 회사와 계약한다. 선수가 어려워할 때 도움을 줬다면 틀림없다. 운동선수들은 누구보다 의리를 중요하게 여긴다.

셋째, 매니저 업무에 충실해야 한다. 선수에게 스폰서를 붙인 뒤 손을 놓는 스포츠마케터도 있다. 선수와 기업 사이에서 중재자 역할만 할 뿐 매니저 업무는 하지 않는 부류다.

바람직한 업무 방식은 아니다. 스포츠마케터는 소속 선수가 운동에만 전념할 수 있도록 배려해야 한다. 소속 선수가 필요로 한다면 의류나 용품 후원사도 연결해줄 수 있어야 한다. 그렇게 하지 않으면 선수는 당신에게서 최소한의 인간미도 느끼지 못한다.

넷째, 선수 부모의 이야기에 귀를 기울여야 한다. 선수와의 계약에서 전면에 나서는 건 부모들이다. 소속사가 결정되기 전까지는 부모가 매니저 역할을 한다. 대부분 부친이 적극적이다. 결정권도 쥐고 있다. 이건 모든 종목 부모가 다 똑같다.

선수의 부친과의 상담은 선수와의 상담보다 오히려 쉽다. 모든 부모는 자녀의 미래를 걱정한다. 그들은 늘 할 말이 많고 걱정이 앞선다. 그 이야기에 귀를 기울여라. 그리고 고민거리를 하나씩 해결해주면 된다. 그렇게 할 수 있다면 그 선수는 당신을 떠나지 못한다.

다섯째, 지방에 사는 선수일수록 인간적이다. 대다수 선수가 수도권에 거주하고 있다. 스포츠마케터라도 한두 사람을 만나기 위해 지방까지 일부러 찾아가는 경우는 흔치 않다. 스타 선수가 아니라면 지방에 사는 중하위권 선수는 소외되기 마련이다.

만약 당신이 지방에 사는 선수 A를 만나기 위해 그곳까지 달려간다면 어떨까? 대부분 고마워하면서 미안한 마음을 갖는다. 감동하는 부모도 있다. '여기까지 찾아와준 사람은 대표님이 처음이에요'라는 말을 들을 수도 있다. 그랬다면 일단 성공이다.

여섯째, 선수 가족은 그들만의 네트워크가 있다. A와의 계약이 불발되더라도 너무 실망하지 마라. A와 A 가족에게 좋은 인상을 남겼다면 절반은 성공이다. 선수 가족들은 그들만의 네트워크가 존재한다. 서로 친분이 있어서 크고 작은 도움을 주고받는다. 좋은 사람은 서로 소개해

주거나 소개받는다. A 가족은 인간적이고 성실한 당신을 그냥 돌려보내지 않는다. A 가족의 소개로 알게 된 선수 B, C, D와 계약할 수도 있다. 창업 초기 실제 경험담이다.

믿음 주고 인정받는 **상담 기술**

　　　　　　비즈니스 상담의 중요성은 굳이 강조하지 않아도 익히 잘 알고 있으리라 생각한다. 비즈니스 상담은 사업 성사나 계약 체결을 위한 마지막 단계다.

"한 번 들러주실 수 있나요?"

기업 담당자로부터 이런 전화가 걸려올 때가 있다. 나는 이 말을 무척이나 좋아한다. 내가 기업에 제출한 제안서가 통했음을 의미한다. 제안서에 마음이 없다면 여러 일로 바쁜 기업 담당자가 연락을 줄 일은 없을 테니까.

제안서로 기업과의 미팅을 성사시켰으니 남은 건 상담뿐이다. 상담 결과에 따라 계약서에 도장이 찍힐 수도 있고, 계약서를 꺼내지도 못하고 발길을 돌려야 할 수도 있다.

그런 면에서 비즈니스 상담은 골을 넣는 기술이라고 해도 과언이 아니다. 골 중에서도 골든골이다. 말하기가 서툰 사람은 다잡은 대어를 놓칠 수도 있으니 참으로 중요하고 흥분되는 시간이다.

스포츠마케터는 글쓰기와 더불어 말하기에도 상당한 공을 들여야 한다. 나는 스포츠마케팅 일을 하면서 여러 사람과 만나 다양한 환경에서 많은 이야기를 나눴다. 그러면서 말하기 기술을 습득했다.

처음부터 말을 잘하는 편은 아니었다. 말을 잘하고 싶어서 여러 책을 읽으며 남모르게 연습도 많이 했는데, 정작 책에서 배운 말하기 기술은 현장 업무와 거리감이 있었다. 이론과 실전은 전혀 달랐다. 결국엔 여러 사람과 부딪히면서 스스로 말하기 기술을 깨우칠 수밖에 없었다.

"난 말재주가 없어서 안 되겠구나"라는 오해는 없길 바란다. 말주변이 없는 사람이라도 스포츠마케팅 일을 하는 데는 아무런 지장이 없다. 이 책에도 스포츠마케터의 자격으로서 '말을 잘하는 사람'이라는 내용은 일절 다루지 않고 있다. 말하기가 무척이나 중요한 기술인데도 말 잘하는 사람을 스포츠마케터의 자격에서 배제한 것은 그만한 이유가 있다.

스포츠마케터가 말을 잘해야 한다면 나 역시 이 일을 하지 못했을 것이다. 우리 회사에서 직원을 뽑을 때도 일부러 말 잘하는 사람을 뽑지는 않는다. 그보다 믿음이 가게 말하는 사람이 좋다. 그런 사람은 업계에서 반드시 인정받는다.

다음은 내가 스포츠마케터로서 일하면서 터득한 비즈니스 상담의 기본이다. 사업을 처음 시작했을 때 매일 비즈니스 상담 내용을 업무일지 형식으로 기록했는데, 다음의 세 가지는 지금도 명심하면서 세일즈하고 있다.

이야기 핵심에 집중하라

스포츠마케터가 누군가와 상담하는 목적은 사업 성사나 계약 체결을 위해서다. 수다를 떨기 위해 금쪽같은 시간을 허비해서는 안 된다. 이야기의 핵심에 집중해서 상담 시간을 줄이려는 노력이 필요하다. 그렇게 해야 신뢰 관계를 구축하고 오랫동안 건전한 비즈니스를 이어갈 수 있다.

비즈니스 상담에서 두서없이 여러 말을 늘어놓는 사람이 있다. 공감대를 찾아 교감한 뒤 중요한 이야기는 마지막에 간략하게 하는 사람도 있다. 교감이 쌓이면 자신의 제안도 긍정적으로 검토될 것이라는 계산인 것 같다.

나는 이런 얄팍한 상술에 공감할 수 없다. 핵심에서 벗어난 이야기가 길어질수록 상담자는 불편함을 느낀다. 스포츠마케터로서 능력을 의심받거나 신뢰를 잃어버릴 수도 있다. 구체적인 계획도 약속도 할 수 없으니 적당히 말로 때우려는 사람으로 오해받기도 한다. 상담자에 대한 배려가 실종된 비상식적 영업 방식이라고 지적하고 싶다.

상담자가 누구든 간에 상담 전에는 가려운 곳이 많다. 스포츠마케터는 자신이 가진 지식과 정보를 활용해 상담자의 가려운 곳을 정확하게 긁어줘야 한다. 달콤한 말로 상담자의 판단을 흐리게 하면서 금쪽같은 시간을 갈아먹는 스포츠마케터는 누구에게도 믿음을 주지 못한다.

'상담자와 이런저런 이야기를 나누면서 교분을 쌓는 것도 중요하지 않겠냐'고 반문하는 사람이 있을 수 있다. 난 그렇게 생각하지 않는다. 그럴 시간에 상담자의 궁금증을 하나라도 해결해주려는 노력이 필요하다.

선수 섭외부터 기업 후원 계약까지 과정

```
선수 섭외  →  매니지먼트 계약  →  선수 소개서 및
                                    제안서 작성
                                         ↓
조인식 개최  ←  선수 케어 및 홍보      기업 세일즈
    ↑                                    ↓
후원 계약 체결  ←  계약금 협상  ←  소속 선수 홍보
```

이야기를 풀어가는 방식은 상담자가 누구냐에 따라 달라진다. 선수는 높은 금액의 기업 후원을 원하고, 기업은 가능하면 낮은 금액으로 후원하되 실속 있는 마케팅을 하려 한다.

먼저 선수 또는 선수 부모와 상담할 때는 그동안 회사에서 계약한 사례를 보여주는 것이 좋다. 선수나 부모는 회사가 그동안 어떤 선수와 계약했는지 궁금해한다. 계약자 중 친분이 있는 선수가 있다면 회사를 또

다른 시각으로 바라볼 것이다. 그럴 경우는 계약서에 도장 찍을 확률은 더 높아진다.

이어 '회사에서 정해진 일정에 따라서 계약을 진행하겠다'라는 뜻을 밝힌다. 이때 일정은 구체적으로 설명하는 것이 좋다.

예를 들면 10월 말일까지 선수 프로필을 작성해 기업 담당자에게 전달하고, 11월 첫째 주부터 선수와 관련한 상담, 11월 둘째 주부터 구체적인 후원 조건 협의, 11월 마지막 주나 12월 첫째 주에 계약할 수 있도록 하겠다는 의지를 보이는 것이다. 끝으로 "이런 식으로 결과를 만들어 낼 테니 믿고 기다려달라"는 말을 덧붙인다.

이렇게 구체적인 일정까지 상세하게 알려주면 선수는 안심하고 일을 맡길 수 있다. 선수나 부모의 눈에 비친 당신의 모습이 '철두철미한 전문가'여야 한다. 그래야 당신이 설치한 울타리에서 벗어나지 못한다. 주먹구구식으로 보이면 상담자는 당신의 울타리에서 쉽게 벗어날 수 있다.

기업과의 상담에서는 기업이 어떤 마케팅을 원하는지 이야기를 들어봐야 한다. 어떤 형태의 스포츠마케팅을 원하는지 파악하고, 그에 맞는 조언을 하면서 맞춤 제안을 해주는 것이 좋다.

자신이 한 말에 대해서는 책임이 뒤따른다. 실현 불가능한 제안을 하거나 지키지 못할 약속을 해서는 안 된다. 최소한 자신이 한 말은 반드시 지켜야 한다. 거기에 추가 서비스가 따라야 한다는 점도 잊지 말자. 예를 들면 요청받은 업무가 아니라도 담당자가 알아두면 도움이 될 만한 몇 가지 정보를 모아서 문서로 깔끔하게 정리해 전달하자.

이런 정보는 기업 담당자에게 유용하게 활용된다. 기업 담당자는 상사에게 결과를 보고해야 하기에 결과 보고용으로서 훌륭한 자료가 된다. 그동안 열심히 일한 흔적이 묻은 보고서를 상사에게 올릴 수 있으니 고마워하지 않을 사람은 없다. 수다를 떨며 교분을 쌓는 것보다 훨씬 건전한 전략이다.

이해하기 쉽게 설명하라

말을 이해하기 쉽게 하는 것도 중요하다. 어려운 말과 전문 용어를 난발해선 안 된다. 상담자가 말을 제대로 이해하지 못하면 계약은 절대로 성사되지 않는다. 기업 담당자는 스포츠마케팅 전문가가 아니라는 사실을 잊어선 안 된다.

어려운 용어를 쓴다고 해서 프로페셔널하게 보이는 것도 아니다. 프로페셔널한 모습을 어필하고 싶다면 말보다 행동으로 보여주는 것이 좋다. 약속한 시각을 철저하게 지키고, 어떤 일이든 꼼꼼하게 처리하는 모습을 보여주자.

간혹 설명하기 곤란하거나 난처할 경우 모호한 화법을 사용하는 사람도 있다. '한 번 알아보겠습니다', '긍정적으로 검토해보겠습니다'처럼 언제, 무엇을, 어떻게 하겠다는 것인지 의도가 분명하지 않은 말투는 신뢰감을 떨어트린다. 지키지도 못할 거창한 계획을 늘어놓는 사람도 있다. 참으로 어리석은 행동이다. 그렇게 하면 본인과 회사뿐만 아니라 스포츠마케터 전체가 욕을 먹는다.

상황이 복잡해질 때는 그와 유사한 사례를 들어 설명해주는 것이 좋다. 구체적인 마케팅 방법이나 문제 해결 방안 등을 함께 제시하는 노력도 필요하다. 어떤 순서를 거쳐서, 어떤 결과가 예상되는지까지 설명하면 더 효과적이다. 그렇게 해야 신뢰감이 쌓인다. 스스로 인정받으려고 하지 않아도 상담자가 먼저 인정을 해준다.

이렇게까지 상담을 하기 위해서는 상당한 경험과 지식이 필요하다. 많이 알아야 설명도 쉽게 할 수 있다.

상대방 입장으로 생각하고 말하라

반드시 상대방 입장이 되어야 한다. 내 입장으로 이야기하면 이야기의 교차점을 찾기 어렵다. 서로 다른 시점에서 사물을 바라보며 이야기하는 것과 같다. 어떤 상황이라도 상대의 입장으로 판단하고 말하자.

이건 어떤 상담이라도 변하지 않는다. 나와 상담을 하는 사람은 나 이외에 다른 사람과 상담하지 않을 것이라는 착각을 버려라. 나 이외에도 다른 누군가와 많은 이야기를 나누며 정보를 얻는다. 어떤 이야기가 진실이고, 도움이 되는지 곧 알아차린다. 당신은 상담자에게 조언하는 위치에서 평가받는 위치가 된다.

대부분 사람은 자기 또는 회사 입장으로 생각하며 자신에게 유리한 계약을 체결하려 한다. 그런 사람이 대부분이다. 그렇게 하면 기업이나 선수에게 믿음을 주지 못한다. 기업이든 선수든 반드시 그 사람의 입장으로 생각해라.

때론 회사의 이익에 반하더라도 진실해야 한다. 회사는 당장 수익을 내지 못할 수도 있으나, 평생 고객을 얻는다면 절대 손해 보는 장사가 아니다. '진심은 통한다'는 말을 믿어라.

계약서 작성과 **협상 기술**

　회사의 문서 작성 업무 중에도 설레는 일이 있다. 계약서를 작성하는 일이다. 아무리 피곤해도 계약서 만드는 시간은 피곤하지 않다. 사업 기획을 짜고 제안서를 보내며 기업 담당자들과 미팅을 하면서 공을 들이는 이유가 계약서를 쓰기 위해서였으니 당연하다.

　창업 후 첫 번째 계약서에 도장을 찍던 순간은 지금도 잊히지 않는다. 인생을 살아가면서 그렇게 짜릿했던 순간은 손으로 꼽을 정도다. 당신도 창업 후 이런 짜릿함을 하루라도 빨리 느껴보기 바란다.

　스포츠마케팅으로 수익을 내기 위해서는 계약서를 작성해야 한다. 계약서를 쓰지 않아도 거래는 할 수 있으나, 안전하고 투명한 거래를 위해서는 반드시 계약서를 써야 한다. 스포츠마케팅에서 계약서를 쓰지 않고 수익이 발생하는 업무는 없다. 스포츠선수 매니지먼트, 기업의 선수 후원 계약, 스포츠 대회 운영대행, 스포츠시설 운영·관리 대행 업무 때도 계약서를 써야 한다. 스포츠마케팅에서 계약서 작성은 너무나도 중요한 업무다.

스포츠마케팅 계약서 쓰기

스포츠마케팅 관련 계약서 종류는 셀 수 없이 많다. 어떤 상황에서 어떤 조건으로 계약하냐에 따라 전혀 다른 계약서가 만들어진다.

스포츠마케팅 관련 계약서 기본 양식은 문서 서식 사이트에서 구매할 수 있다. 하지만 당신이 원하는 맞춤형 계약서는 구하기 어렵다. 스포츠마케팅은 사업 내용이 워낙 많은 데다 종목마다 상황이나 조건이 전부 다르다. 부동산 매매, 전·월세 계약서 같은 표준 계약서는 찾을 수 없다. 스포츠마케팅 기본 계약서 양식을 구매해서 당신의 사업 내용과 조건에 맞게 수정해야 한다.

평소 스포츠마케터들과 친분을 쌓아두면 여러 상황에 맞는 세분화 계약서를 구할 수도 있다. 스포츠마케팅 업계에서 다년간 일을 하다 보면 실무자들끼리 계약서를 공유하기도 한다.

선수 매니지먼트 같이 창업 후 곧바로 추진해야 할 사업은 계약서를 미리 준비해두는 것이 좋다. 기본 양식 계약서에서 내용이 크게 달라지지 않기 때문에 미리 준비해두면 업무를 빠르게 처리할 수 있다.

중장기적인 사업 아이템 계약서는 창업 후 준비해도 상관없다. 어느 정도 시간적인 여유가 있고, 비즈니스 형태가 다양해서 창업 전에 준비하기는 어렵다. 목표했던 사업이 성사되면 사업 내용과 조건에 맞춰서 계약서를 수정하면 된다.

'기업 A'와 '매니지먼트사 B' 및 '선수 C'는 상기와 같이 '선수'에 대한 후원 계약을 체결하고, 본 계약의 체결을 증명하기 위해 본 계약서 3부를 작성하여 각 당사자가 서명 또는 기명날인하고, 각 1부씩 보관하기로 한다.

2022년 ○○월 ○○일

〈기업 A〉
주소 : 서울시 강남구 ○○○

대표이사 : 홍 길 동 (인)

〈매니지먼트사 B〉
주소 : 서울시 송파구 ○○○

대표이사 : 김 주 택 (인)

〈선수 C〉
주민등록번호 : 000101-○○○○○○○
주소 : 부산시 해운대구 ○○○

임 꺽 정 (인)

기업과 선수와 매니지먼트사의 3자 계약서 뒷면 예시.

계약서를 쓸 때는 권리와 의무, 계약금, 계약 기간 등을 꼼꼼히 확인해야 한다. 혹시 모를 사건·사고나 분쟁에 대비해서 합리적이고 공정한 조건으로 계약할 수 있도록 하자. 당신 회사에 불리한 조건들만 쏙 빼버리면 곤란하다. 당신 속내가 계약서에 그대로 드러난다.

기업의 선수 후원 계약이 확정되면 보통 3자 계약서를 쓴다. 기업과 소속 선수 사이에 매니지먼트사가 들어간다. 후원 기업에 따라서는 기업과 매니지먼트사, 혹은 기업과 소속 선수의 양자 계약을 체결할 때도 있다.

기업·선수 모두 만족하는 중재 기술

창업 전에는 기분 좋은 상상을 많이 한다. 제안서를 낼 때마다 계약이 성사되고, 스타 선수들로부터 인사를 받으면서 '대표님' 소리를 듣는 내 모습을 상상하기도 한다. 생각만으로도 어깨가 으쓱해진다. 여러 기업이 내 제안서를 기다리고 있을 것이라는 상상도 해봤다.

현실은 냉혹하다. 한 기업과 계약하는 일은 말처럼 쉽지 않다. 기업은 많은 스포츠마케팅 회사로부터 여러 선수 후원을 제안받는다. 당신 회사 소속 선수가 선택받는다는 보장은 없다. 제안서를 제출한 기업에서 후원을 포기한다면 또 다른 기업에 제안서를 내야 한다.

우여곡절 끝에 기업 후원이 결정된다면 당신 회사에 매출이 발생한다. 스포츠선수 매니지먼트 수익은 선수가 받는 계약금 일부를 수수료로 계산한다고 2부에서 설명했다.

문제는 기업이 책정한 계약금과 당신이 제시한 금액이 다를 수 있다는 점이다. 기업은 선수의 인지도나 나이, 국내외 대회 성적 따위를 검토해서 계약 조건을 자체적으로 결정하기 때문이다. 당신이 요구한 금액을 단번에 수락하는 기업은 거의 없다.

이런 경우 스포츠마케터의 협상 능력이 도마 위에 오른다. 기업과 선수 사이에서 모두가 만족할 수 있도록 중재해야 한다.

우선 기업에는 선수의 가치를 증명해야 한다. 성적과 가능성, 상품성 등을 강조하며 설득해나간다. 신인급이라면 아마추어 성적을 부각하면서 잠재력이 있는 선수라는 사실을 강조하는 것도 괜찮은 방법이다.

선수 매니지먼트 계약서 앞면.

선수에게는 이상보다 현실을 보게 해야 한다. 여러 데이터를 보여주면서 기업의 판단을 어느 정도 존중해줄 것을 권한다.

그렇게 하면 양측이 조금씩 양보하는 것으로 결말을 볼 수 있다. 선수 A의 연간 계약금 1억 원을 기업에 제안했다고 치자. 기업은 8000만 원을 제시할 수 있다. 이 경우 9000만 원으로 계약이 성사되도록 하는 것이 가장 합리적이다.

협상의 첫 번째 조건은 양보

중재 과정에서 명심할 것이 있다. 협상의 첫 번째 조건은 양보라는 점이다. 양보 없이 요구만 하는 협상은 협상이 아니다. 그런 협상은 성사되기 어렵다. 성사되더라도 어느 한쪽은 불만을 품게 된다. 서로의 의견 차이가 클수록 양보는 더 중요하다. 위에서처럼 의견 차이가 2000만 원일 경우 양측이 똑같이 1000만 원씩 양보하면 협상은 쉽게 마무리된다.

더 많은 계약금을 받고 싶다면 다른 무엇인가는 양보해야 한다. 예를 들어서 계약금은 1억 원으로 하되 우승 보너스를 덜 받는 조건이다. 반대로 계약금을 8000만 원으로 한다면 성적에 따른 인센티브는 더 받는 조건으로 협상할 수 있다.

계약 기간은 보통 2년으로 한다. 1년짜리 계약은 기업이든 선수든 어느 한쪽이 조건에 만족하지 못한 경우다. 1년 뒤 다른 회사(선수)와 더 좋은 조건으로 계약하겠다는 의도인데, 3자 모두에게 좋은 방법은 아니다.

계약 기간이 3년 이상이면 최고의 계약이다. 기업과 선수가 모두 만족스러운 조건일 때만 가능하다. 3년 이상 고정 수익이 보장되기 때문에 스포츠마케팅 회사로서도 가장 이상적이다.

계약금 문제로 기업과 선수 사이의 보이지 않는 신경전이 펼쳐지기도 한다. 스포츠마케터가 중재를 잘못하면 기업과 선수에게 크고 작은 오해를 불러일으킬 수도 있다. 그것을 방지하려면 계약 시 구두로 약속한 사항을 전부 계약서에 기재해야 한다. 어느 한쪽을 편애하거나 지나치게 회사 이익만을 생각해선 안 된다는 걸 명심하자.

글쓰기는 숙명, **부끄러운** 글 피하는 방법

글쓰기는 스포츠마케팅 회사에서 대단히 중요한 업무 중 하나다. 피하고 싶어도 피할 수 없다. 제안서나 보도자료 외에도 대회·이벤트 시나리오, VIP 인사말, 소속 선수 소개서, 결과 보고서 작성도 전부 글쓰기 업무다. 창업과 동시에 글쓰기 업무가 시작되는데, 사람을 만나는 일을 제외하면 글쓰기에 매달려야 한다.

글쓰기가 서툴면 업무 진행에 상당한 어려움을 겪는다. 내 주위에도 글쓰기로 인해 스트레스받는 사람이 많다. 나 역시 창업 후 글쓰기 때문에 밤을 지새운 적이 많았다. 낮엔 여러 사람과 만나서 영업을 했고, 밤엔 글쓰기 업무에 시달렸다.

왜 글쓰기가 중요할까? 글은 회사의 얼굴이다. 글만으로 그 회사의 대략적인 수준을 판단할 수 있다. 기업 이미지에 상당한 영향을 준다. 좋은 글은 회사 이미지를 높이지만, 못난 글은 회사 이미지를 갉아먹는다. 글쓰기의 기본이 안 된 회사는 업무의 기본이 안 된 회사로 평가받기 쉽다.

창업한 지 얼마 안 된 회사는 글쓰기가 더 중요하다. 회사를 창업하면 회사 소개서와 제안서를 작성해서 여러 기업에 보내야 한다. 창업 1년도 지나지 않은 회사와 상대해주는 기업이 많지 않기 때문이다. 기업 담당자는 스포츠마케팅 회사의 소개서나 제안서를 보고 일을 함께할 수 있는 회사인지 판단한다. 기본이 안 된 제안서는 자연스럽게 걸러진다. 기업 담당자를 만날 수 없는 상황에서 그들을 움직일 수 있는 유일한 무기는 글이다.

이처럼 글쓰기는 중요한 업무인데도 글 쓰는 일을 두려워하는 사람이 많다. 글쓰기 업무를 전담하는 직원이 있다면 좋겠지만, 창업하면 한 푼이라도 아껴야 한다. 더군다나 혼자서 회사를 차렸다면 글쓰기 업무는 절대 피할 수 없다. 앞에서도 강조했듯이 소자본 스포츠마케팅 회사 대표는 올라운드 플레이어가 되어야 한다.

글쓰기를 피할 수 없다면 즐기자. 한 가지 다행스러운 건 스포츠마케팅 회사에서 쓰는 글은 대부분 논리를 요구한다. 수려한 문장력까지는 요구하지 않는다. 어느 정도 기본적인 법칙만 알고 쓰면 최소한 못난 글은 피할 수 있다.

글을 잘 쓰기 위해서는 어떤 노력이 필요할까? 우선 책을 많이 읽어야 한다. 책을 많이 읽지 않는 사람이 글을 잘 쓰는 경우는 본 적이 없다. 책을 많이 읽지 않았는데도 스스로 글을 잘 쓴다고 생각한다면 착각일 가능성이 크다. 해당 분야 글쓰기에 익숙해졌을 뿐이지 절대로 글을 잘 쓰는 사람이 아니다.

독서를 많이 한 사람은 모두 글을 잘 쓸까? 아니다. 책을 많이 읽은 사람은 글을 잘 쓸 수 있는 최소한의 요건을 갖췄을 뿐이다. 글을 잘 쓰기 위해서는 뭐니 뭐니 해도 글을 많이 써봐야 한다. 글을 많이 쓰지 않고선 절대 글솜씨가 좋아지지 않는다.

한 가지 더 보충하면 자신이 쓴 글을 여러 차례 다듬어야 한다. 아무리 유명한 작가라도 글을 처음 쓸 때부터 좋은 문장이 나오지는 않는다. 어설픈 문장을 다듬고 또 다듬어서 매끄럽고 읽기 좋은 글로 만든다. 누더기 같은 문장이라도 다듬고 또 다듬으면 못난 글은 피할 수 있다.

신문사 기자들은 칼럼을 다 쓴 뒤에도 10번 이상은 읽어보며 수정한다고 한다. 전달하고자 하는 메시지가 분명한지, 비문이나 어색한 문장은 없는지, 오탈자는 없는지, 숫자나 지명·인명 따위는 정확한지 등을 반복해서 확인한다. 개중에는 30번 이상 읽어보며 수정한다는 기자도 있었다.

글은 공을 들인 만큼 아름다워진다. 30번 이상 읽으면서 수정을 했는데도 못난 글을 쓰는 사람은 글쓰기를 기본부터 다시 배워야 한다.

글을 단기간에 잘 쓰기는 어렵다. 나 역시 글 쓰는 일이 무척이나 어려웠다. 대학 졸업 후 스포츠마케팅 일을 시작하면서 글쓰기는 늘 따라다녔다. 유무형의 상품을 거래하기 위해서는 열심히 홍보해야 한다. 홍보에서 글이 빠질 순 없다.

이렇게 글쓰기 업무에 시달리면서 여러 책을 읽었고, 기자들에게 글 잘 쓰는 방법을 물어본 적도 있었다. 좋든 싫든 글쓰기가 생활화되다 보니 스포츠마케팅 업무에 필요한 글쓰기 요령은 습득한 것 같다. 다음은 스포츠마케팅 글쓰기 업무에서 중요한 다섯 가지다.

첫 문장은 15자 이내로 짧게

첫 문장은 가능하면 짧게 정리하자. 글을 첫 문장부터 길게 늘여 쓰면 주어와 술어가 두 개씩 있는 복문이 되기 쉽다. 복문은 의미 전달이 모호해질 수 있다. 글의 맛도 떨어트린다. 반대로 주어와 술어가 하나씩 있는 단문은 의미 전달이 분명하다. 글에 힘이 느껴지기 때문에 다음 문장에 대한 기대감도 생긴다.

나는 이 감각을 익히기 위해 보도자료 첫 줄을 15자 이내로 정리하는 훈련을 했다. 첫 문장을 15자 이내로 정리하는 일은 쉽지 않다. 글 전체의 핵심 내용을 15자로 정리한다는 생각으로 써야 한다. 예를 들면 아래 예문과 같다.

● 예문

NBA 스타들이 비비고 로고를 단다.
프로야구에 10대 돌풍이 거세다.
손흥민이 시즌 첫 골을 터트렸다.

보도자료 첫 문장을 이렇게 쓰면 다음 문장을 정리하기도 수월하다. 두 번째 문장에선 날짜와 장소 따위를 넣어서 좀 더 구체적으로 서술하면 된다.

주어를 '은(는)'보다 '이(가)'로 쓰는 것도 첫 문장을 간결하게 쓰는 데

도움이 된다.

군더더기는 전부 없애라

군더더기는 문장의 힘을 갉아먹는 주범이다. 사족이라고도 하는데, 문장이 완성되면 반복해서 읽으면서 군더더기를 최소화해야 한다. 군더더기가 많은 문장은 대표적인 못난 글이다. 글을 못 쓰는 사람일수록 군더더기가 많다. 형용사, 부사, 관형사 같은 미사여구를 남발하지 말고 전하고자 하는 핵심 내용을 최대한 간결하고 깔끔하게 쓰는 습관을 들여야 한다.

● 원래 글

요즘 핫한 골프웨어 브랜드로 손꼽히는 프리미엄 골프웨어 브랜드 ○○○이 SBS골프 프로그램〈골프에 반하다〉제작지원에 나섰다.

● 고친 글

골프웨어 브랜드 ○○○이 SBS골프 프로그램〈골프에 반하다〉제작을 지원한다.

위 문장을 아래 문장처럼 수정했다. 위는 길지 않은 문장이지만 군더더기가 많다. '요즘 핫한'은 기준이 모호하다. 업체의 일방적인 주장으로 보인다. 왜 핫한 브랜드인지 설명이 필요하다. 이런 문장은 독자들의 신뢰도를 떨어뜨린다. '프리미엄 골프웨어 브랜드'도 마찬가지다.

원래 글을 수정하지 않고 보도자료로 보내면 결과는 뻔하다. 첫 문장이 읽히기도 전에 쓰레기통으로 들어간다. 제안서나 소개서도 이런 식으로 쓰면 회사 이미지에 큰 타격을 입는다. 한 번 나빠진 회사 이미지는 좀처럼 개선하기가 어렵다.

장문보다 단문으로 가라

장문은 독자에게 피로감을 주고 집중력을 떨어트린다. 말의 힘도 빠지면서 모호한 문장이 될 수 있다. 글쓰기에 자신이 없는 사람일수록 장문은 피하고 단문으로 쓰는 연습을 하자. '(이)고', '(이)며' 따위를 넣어서 문장을 늘리지 마라.

● **원래 글**

피세틴은 천연추출물로서 노화된 좀비 세포를 제거해 새로운 세포 생성을 돕고, 항산화제 특허물질 바이오페린을 함유하고 있어서 흡수율을 높인다.

● **고친 글**

피세틴은 천연추출물이다. 노화된 좀비 세포를 제거해 새로운 세포 생성을 돕는다. 항산화제 특허물질 바이오페린도 함유하고 있어서 흡수율이 높다.

원래 글을 세 문장으로 쪼갰다. 읽기가 훨씬 편하고, 이해도 쉽다. 글쓰기도 쉬워진다. 끊어갈 수 있는 문장은 끊어서 단문으로 만들자. 단문에는 하나의 의미만 전달할 수 있도록 한다. 그렇게 해야 쓰기도 읽기도 편하다.

접속사를 줄여라

문장과 문장을 접속사로 이으려는 습관은 좋지 않다. '그러나', '그리고', '그래서', '그런데' 따위가 많이 들어간 문장은 글의 완성도를 떨어트린다.

집을 예로 들어보겠다. 집을 지을 때 접합부마다 못이나 접착제를 덕지덕지 발라놓으면 어떨까? 누더기와 다를 게 없다. 반면에 한옥은 이음새 부분에 못질한 흔적을 찾을 수 없다. 나무와 나무를 자연스럽게 이었을 뿐이다. 그런데도 아름답고 멋스럽다. 천년이 흘러도 무너지지 않는다.

글도 마찬가지다. 접속사 없이 멋스럽게 쓸 수 있어야 한다. 모든 문장은 뜻을 담고 있다. 문장과 문장이 지닌 뜻을 자연스럽게 이으면 접속사 없이도 물 흐르듯 자연스러운 글이 된다. 불필요한 접속사는 과감하게 지워버려라.

● **원래 글**

올 시즌 KBO리그가 역대 최다 관중 기록을 경신했다. 그러나 선수들의 낮은 경기력을 끌어올리지 않으면 내년 시즌 흥행은 장담할 수 없다는 게 전문가들의 지적이다.

● **고친 글**

올 시즌 KBO리그가 역대 최다 관중 기록을 경신했다. 내년 시즌에도 흥행을 이어가기 위해서는 선수들의 낮은 경기력을 끌어올려야 한다는 게 전문가들의 지적이다.

원래 글은 문장과 문장을 접속사로 이었고, 고친 글은 접속사 없이 뜻이 자연스럽게 이어지도록 했다.

처음부터 끝까지 주제에 집중하라

논점에서 벗어난 글을 어렵지 않게 찾아볼 수 있다. 글쓰기를 직업으로 하는 사람들도 종종 이런 실수를 한다. 'KBO리그 흥행'을 주제로 시작했으면 'KBO리그 흥행'으로 끝을 맺어야 한다. 처음부터 끝까지 하나의 주제로 정리해야 메시지가 제대로 전달된다.

주제에 집중하기 위해서 내가 자주 사용하는 방법은 수미상관법이다. 수미상관법은 첫 문장과 마지막 문장을 같거나 비슷하게 처리하는 기법이다. 첫 문장에서 강조했던 내용을 마지막 문장에서 다시 강조하기 때문에 메시지 전달 효과가 강하고, 논점에서 벗어날 일도 없다.

시나 노랫말에는 수미상관법이 자주 사용된다. 나는 대회나 행사를 준비하면서 VIP 인사말을 작성할 때 이 방법을 즐겨 쓴다. 예를 들어 첫 문장은 "가을 스포츠 축제에 여러분을 초대합니다"라고 쓰고, 마지막 문장은 "가을 스포츠 축제의 주인공은 바로 여러분입니다"로 매듭짓는다. 첫 문장과 끝 문장만 미리 써두고 중간 내용을 채워 넣으면 인사말 작성이 한결 수월해진다.

중간에 들어갈 글은 핵심 내용을 3~4가지로 쪼개서 설명한다. 대회 개최의 중요성을 '첫째', '둘째', '셋째', '넷째'로 나누어 설명하면 중간에 들어갈 문장도 어렵지 않게 채워 넣을 수 있다. 글도 짜임새 있게 완성된다.

그밖에도 쉬운 단어 쓰기, 다양한 어휘 활용하기, 정확하고 일관된 표기법 사용, 소리 내서 읽기도 부끄러운 글을 피하는 방법이다.

끝으로 글쓰기 기초를 다지는 데 도움이 될 만한 책들을 소개하겠다. 『유시민의 글쓰기 특강』은 글쓰기 기초 근력을 기르는 데 도움을 주고, 『강원국의 글쓰기』는 글쓰기 기술을 비교적 구체적이고 재미있게 서술하고 있다. 총 5권으로 구성된 『우리글 바로쓰기』는 평소 잘못 알고 있던 우리글을 바로 쓰도록 도와준다.

100% 기사화되는 보도자료 만들기

　　　　　　글쓰기 업무 중 가장 많은 비중을 차지하는 것이 보도자료 작성이다. 보도자료는 공식 입장과 사실을 언론에 전달하기 위해 쓰는 글이다. 소속 선수가 기업과 계약하거나 특정 팀으로 스카우트가 되었을 때, 소속 선수가 국제대회에서 좋은 성적으로 입상했을 때, 소속 선수의 공식 일정이나 공동 기자회견이 있을 때, 소속 선수가 특별한 이벤트를 진행할 때, 스포츠 대회나 이벤트를 치르기 전후 등 회사에서 또는 회사로 인해 일어나는 일들을 알리고자 할 때는 보도자료를 작성해 언론에 전송한다. 이외에도 보도자료를 작성해야 할 때가 많다.

　　문제는 기사가 나오기까지 과정이 쉽지는 않다는 점이다. 대회 또는 행사를 위해 수개월 간 준비했건만 대회 시작 전에 전송한 보도자료가 단 한 곳에서도 기사로 나오지 않는다면 맥이 풀린다.

　　절대 보기 드문 상황이 아니다. 보도자료를 써서 언론에 배포해본 일이 있는 사람이라면 기사화가 쉽지 않다는 걸 알 것이다.

무엇이 문제일까? 문제의 근본은 언론사도 기자도 아니다. 모든 문제는 보도자료를 작성해서 언론에 송출한 당신에게 있다. 지금부터 문제점을 하나씩 짚어보겠다.

가치 있는 글을 썼는가?

내가 작성한 보도자료가 기사로 나오지 않았다면 기사로서 가치 있는 글이 아니었을 가능성이 매우 크다. 기자들은 가치 있는 글을 쓰기 위해 노력한다. 모든 기사엔 글쓴이의 이름이 달려나간다. 모든 기사는 해당 언론사의 얼굴이자 기자의 얼굴이다. 기자는 자신이 쓴 기사에 책임을 져야 한다. 자신의 이름이 달려나가는 기사에 누가 가치 없는 글을 올리겠는가. 보도자료가 가치 있는 글이었다면 기사화되지 않을 이유는 별로 없다. 기사가 나가지 않았다고 해서 언론사와 기자를 원망하지 마라.

그렇다면 가치 있는 글이란 어떤 글일까? 당신 회사에서 작성한 모든 보도자료는 나름의 의미가 있고 가치가 충분하다. 하지만 언론사나 기자의 관점에선 판단이 달라진다. 기사를 쓰거나 내보내는 건 언론사와 기자이기 때문에 당신과 회사의 관점에서 판단해선 안 된다. 다음은 가치 있는 글을 위한 네 가지 조건을 요약해봤다.

첫째, 시의적절한 내용이어야 한다. 지난달에 끝난 대회 소식을 뒤늦게 정리해서 보도자료로 발송하면 어떤 언론사도 환영하지 않는다. 쓰레기통으로 들어가지 않으면 다행이다. 대회나 행사 관련 자료는 개막 2~3일 전에 발송하는 것이 좋다. 행사가 끝난 시점에서 정리하는 글은 관심도가 떨어진다. 김빠진 맥주와 다를 게 없다. 대중에 관심이 많은 스포츠 빅 이벤트나 우승자가 가려지는 대회가 아니라면 행사 전에 서둘러서 자료를 만들자.

둘째, 유용한 정보가 있어야 한다. 단순한 제품 홍보나 이벤트 소식은 기사로 쓰기가 어렵다. 예를 들어 '스포츠 브랜드 할인 행사'라든지 'SNS 댓글 이벤트 진행' 같은 내용이다. 단신으로 묶어서 여러 기사를 같이 처리하는 기자도 있는데, 대부분 보도자료 제목만 읽고 삭제해버린다. 해당 내용을 꼭 기사화하고 싶다면 업계 트렌드를 분석하거나 다른 회사 여러 제품과 비교해서 가치 있게 포장하는 노력이 필요하다. 기자들의 수고를 덜어주는 보도자료는 유용하게 쓰일 수 있다.

셋째, 내용이 구체적이어야 한다. 내용이 부실해도 기사화되지 않을 가능성이 크다. 예를 들어 조인식을 개최했는데, 날짜와 장소를 빼먹거나 내용이 모호하면 곤란하다. 기자로선 이런 기사를 써도 그만이고 안 써도 그만이다. 내용이 부실한 보도자료에 품을 들여 기사화할 이유가 전혀 없다. 업체나 담당자에게 전화를 걸어 내용을 확인하는 기자도 있으나, 그것도 기자와 어느 정도 친분이 있어야 가능한 이야기다. 글은 간결하게 쓰되 육하원칙은 철저하게 지켜야 한다.

넷째, 공신력 있는 인물이나 정보여야 한다. 대중이나 업계에 널리 알려진 인물이 아니라면 기사화가 쉽지 않다. 손흥민이나 김연아 같은 스타들은 언제 어디서 무엇을 해도 기사로서 가치가 충분하다. 대중의 관심도가 높기 때문이다. 하지만 일반에 잘 알려지지 않은 인물이라면 보도자료 작성 시 유의해야 한다. 통계를 인용할 때도 공신력 있는 기관이나 단체여야 기사가 나갈 가능성이 크다. 통계 자료를 쓰면서 인용 기관이나 단체를 적지 않는 건 부실한 보도자료다.

적절한 시간에 발송했는가?

보도자료 발송 시기도 중요하다. 기자들이 보도자료를 받아서 기사를 작성하기 편한 시기에 발송하는 것이 좋다. 그러려면 보도자료 수신 기자들의 업무 패턴을 알아야 한다. 기사 마감 시간과 휴일 등은 기본적으로 파악해두자. 인터넷 신문은 마감 시간이 따로 없지만, 지면을 발행하는 신문사는 마감 시간이 있다. 조간은 오후 5시 전후, 석간은 오전 9시 이전에 마감한다. 이 시간대 보도자료 발송은 피하는 것이 좋다.

스포츠기자는 주말·휴일이 따로 없다. 주말·휴일에는 경기가 있어서 현장 취재를 하거나 기사를 쓴다. 대개 월요일이나 화요일에 쉰다. 쉬는 날 보도자료를 보내면 헛수고다.

월요일은 주말·휴일 열렸던 대회가 재차 화제가 되기도 한다. 큰 이슈가 있는 경우 관련 기사가 쏟아져 나오기 때문에 보도자료가 묻힐 수 있다. 발송 시기를 조정하는 것이 좋다.

인간적이었는가?

보도자료에 빠져서는 안 되는 것들이 있다. 첫째, 담당자의 연락처다. 언제든 수신 가능한 연락처를 남겨야 한다. 연락처가 없는 보도자료는 기자와 소통할 의향이 없는 사람(업체)으로 느껴진다. 일방적으로 보도자료만 발송하고 질문은 성가시다는 뜻으로 읽히기 때문에 좋은 인상을 줄 수 없다.

둘째, 간단한 인사말이다. 보도자료를 보낼 때 간단한 인사말은 기본이다. 그런 것도 없이 보도자료만 발송하면 어떤 기자도 좋아하지 않는다. 자기소개부터 시작해서 보도자료에 대한 간략한 소개를 적고 '궁금한 사항이 있으면 언제든 연락 바랍니다'라는 멘트를 남기는 것이 바람직하다. 인사말을 쓸 때 수신 기자의 이름을 넣어서 친밀감을 주는 것도 좋은 방법이다.

한 가지를 추가하면 언론사 특성에 맞는 보도자료다. 언론사라고 해서 전부 똑같지는 않다. 방송사, 신문사, 인터넷 신문사, 지역 신문사, 전문지 등이 있다. 언론사마다 추구하는 뉴스와 보도 형태가 다르다. 보도자료를 보낼 땐 언론사의 보도 콘셉트에 맞는지 잘 판단해야 한다. 예를 들어 종이 신문을 발행하는 언론사는 핵심 내용만 간략하게 정리해서 보내는 것이 좋다. 반면 전문지는 여러 사람의 인터뷰나 상세한 내용까지 담아서 송출하자. 지역 신문사에는 해당 지역 출신 선수나 지역과 관련한 이슈를 만들어서 보내야 한다.

보도자료 발송 후 통화는 했는가?

대부분 사람이 지키지 않는 항목이다. 보도자료만 발송하면 일이 끝난 것으로 안다. 그렇지가 않다. 보도자료를 기사화하기 위해서는 기자들에게 일일이 연락해 수신 확인을 해야 한다. 기자들과 친분이 없더라도 상관없다. 기자에게 전화를 걸어 정중하게 인사를 한 후 보도자료를 수신했는지 확인만 하면 된다. 기사화하는 건 기자의 몫이기 때문에 '긍정적인 검토 부탁드립니다'라는 말만 남기면 된다.

처음부터 보도자료 이야기를 꺼내면 실례다. 기자와 통화하기 전에는 새로운 정보를 준비해두는 것이 좋다. 보도자료 수신 확인은 이야기 마무리 단계에서 하자.

기자를 어려워하는 사람들은 보도자료만 발송하고 통화는 꺼린다. 그럴 필요는 없다. 기자들은 오히려 보도자료만 보내놓고 연락이 없는 사람을 더 싫어한다. 보도자료 발송은 기자에게 정보를 제공하는 것이니 떳떳하게 전화해도 된다. 그렇게 친밀감을 쌓아가면 나중엔 전화하지 않아도 기사화되기도 한다.

기자들과 통화할 때는 몇 가지 주의할 점이 있다. 기자들과 친분이 쌓였다고 해서 보도자료가 전부 기사화되는 건 아니다. 기사로서 가치가 없다면 절대 쓰지 않는다. 보도자료를 보낼 때마다 전화하거나 기사로서 가치가 없는 보도자료를 보내놓고 기사를 부탁하는 것도 예의가 아니다. 이번엔 A, B, C, D 기자와 통화했다면 다음엔 E, F, G, H 기자에게 연락하는 것이 실례를 최소화하는 방법이다.

내가 보낸 보도자료가 기사로 나갔다면 해당 언론사나 기자에게 감사의 인사를 하자. 간단하게 문자 메시지를 보내도 된다. 감사 문자를 보낸 사람과 그렇지 않은 사람의 차이는 크다.

사진과 설명은 잊지 않았나?

보도자료에서 사진은 필수다. 사진이 없는 보도자료를 발송할 경우 관련 사진을 보내달라는 요청이 들어온다. 그것도 보도자료가 기사로서 가치가 있을 때나 있는 일이다. 그렇지 않으면 그런 요청도 들어오지 않는다.

사진 없이 기사가 나가는 경우는 흔치 않다. 사진이 없는 보도자료는 기사화될 가능성이 그만큼 낮다. 사진은 물론이고 사진 설명도 꼼꼼하게 적어서 보내야 한다. 그렇게 해도 기사화하는 일은 쉽지 않다. 사진은 고해상도로 준비하는 것이 좋다. 사이즈가 큰 사진은 줄여 쓰면 되지만, 사진 크기가 작으면 사용할 수 없다.

사진은 첨부하되 보도자료 문서는 첨부하지 않는 게 좋다. 메일을 보낼 때 인사말 밑에 보도자료를 적거나 붙여넣으면 된다.

언론사는 매체마다 기사 입력기가 있다. 한글이나 워드프로세서에서 글을 써서 기사 입력기에 붙여넣는 사람도 있지만, 기사 입력기에 직접 글을 쓰는 사람이 더 많다. 따라서 기자들은 한글이나 워드 파일을 내려받는 것 자체를 좋아하지 않는다. 첨부파일 없이 보도자료를 인사말 밑에 적어 넣으면 더 쉽게 긁어다가 쓸 수 있다.

기사화하는 것만큼이나 중요한 것이 있다. 정확한 숫자와 인명 표기다. 오탈자는 기자들이 기사를 작성하면서 고쳐 쓰기도 한다. 수정 없이 그대로 기사화가 되더라도 단순 오탈자는 크게 문제가 되지 않는다.

그러나 숫자나 사람 이름이 잘못 나가면 문제가 심각해진다. 보도자료를 서둘러 재전송해야 한다. 기자들이 자발적으로 수정해주면 다행이지만, 그렇지 않을 경우가 더 많다. 기사를 바로잡기 위해서는 일일이 전화를 걸어 수정을 요구해야 하는데, 기사 수정은 기자들에게 대단히 민감한 사항이다. 기사 수정이라는 말 자체에 불쾌감을 느끼는 기자도 많다. 팀장급 이상으로 기사 수정 권한이 있다면 크게 문제가 되지 않겠지만, 기사 수정 권한이 없는 평기자들은 데스크나 팀장급 선배에게 수정을 부탁해야 한다. 수정 과정에선 절대 좋은 소리를 듣지 못한다. 연말 인사고과에 좋지 않게 반영이 될 수도 있다. 아주 부득이한 경우가 아니라면 기사 수정은 부탁하지 않는 것이 좋다.

거절할 수 없는 제안서 만들기

창업 전에 많은 공을 들여 작업해야 할 것이 있다. 기업에 보낼 제안서다. 낮에는 사람들과 만나 이야기를 나누며 사업에 필요한 네트워크를 쌓고, 밤에는 글 쓰는 일을 하거나 제안서 작업을 한다. 밤잠을 제대로 들지 못하면 피로가 쌓이는데, 회사를 키워간다고 생각하면 피로감이 덜하다. 정성껏 준비한 제안서가 사업으로 이어져 큰돈을 버는 상상을 해보라. 힘들어도 더 많은 정성을 쏟게 된다.

하지만 애써 만든 제안서는 기대했던 것만큼 당신을 행복하게 만들지 못한다. 제안서 10통을 보내면 단 한 곳에서도 응답이 없을 수 있다. 100통을 보내도 한두 곳에서만 반응을 보이는 정도다. 당연히 사업으로 이어지지는 않는다. 창업 전에 공들여 작성한 사업기획서들은 전부 공중에서 분해될지도 모른다.

제안서가 먹히지 않으면 창업과 동시에 불안감이 몰려온다. '이러다 오래 못가서 회사 문을 닫아야 하는 것 아닌가?' 하는 불길한 생각이 떠나지 않는다. 지금 돌이켜보면 그때가 창업 후 첫 번째 위기였던 것 같다.

대체 무엇이 문제였을까? 다행히 문제의 핵심을 찾아내는 데는 그렇게 오랜 시간이 걸리지 않았다. 거의 모든 기업으로부터 외면을 당했던 터라 문제는 내 제안서 안에 있다는 사실을 받아들일 수밖에 없었다.

그래서 여러 책과 인터넷을 뒤져가면서 '제안서 잘 만드는 방법'을 익히기 시작했다. 그 정보들이 내 업무에 크게 도움이 되지는 않았다. 스포츠마케팅이라는 업계 특수성이 있어서 거기에 맞게 개선하는 노력이 필요했다. 그러면서 나만의 제안서 만들기 요령을 터득하게 됐다. 지금부터 하나씩 설명하겠다. 이 책에서 소개하는 방법은 다섯 가지다.

핵심 내용을 구체적으로 파라

지나치게 의욕만 앞세우면 될 일도 안 된다. 제안서를 만들 때도 의욕만 앞세우면 들어왔던 복도 달아난다. 장황하게 꾸미려다 핵심 내용이 부실해지는 경우가 종종 발생기 때문이다.

사업기획서에는 제안하고자 하는 내용이 분명해야 한다. 제안하고자 하는 내용이 분명하지 않으면 빈약한 제안서가 된다. 빈약한 제안서는 사람의 마음을 움직이지 못한다.

대부분 식물에 가지치기하는 이유를 생각해보자. 영양 공급이 잘 되고, 반듯하게 키우기 위해서 가지치기를 한다. 제안서도 마찬가지다. 힘 있는 제안서를 만들기 위해서는 가지치기하듯이 작성해야 한다.

내용이 핵심에서 크게 벗어나지 않도록 불필요한 확장을 막는 것이 중요하다. 많은 내용을 담을수록 핵심에서 벗어날 가능성이 크다. 의욕만 앞세워서 불필요하게 많은 내용을 담기보다 사업의 핵심 내용을 구체적으로 담아보자.

한 가지 예를 들어보겠다. 기업에 스포츠대회 메인 타이틀 후원을 제안하려 한다. 무엇을 핵심 내용으로 담아야 좋을까? 당연히 홍보 효과다. 기업이 스포츠대회 메인 타이틀 후원사로 나섰을 때 기대되는 효과를 자세하게 열거하는 것이 좋다. 경제 효과와 기업(브랜드) 이미지 고취, 사회공헌 등 대회를 개최함으로써 기대되는 효과를 구체적으로 설명하는 데 집중해야 한다. 그렇게 해야 기업의 눈과 귀를 끌어당길 수 있다.

반면에 경기장 정보나 대회장 주변 인프라, 대회 역사 같은 비교적 기업 관심도가 떨어지는 내용에 힘을 주면 집중력을 떨어뜨리고 관심 끌기도 실패한다. 과감하게 가지치기해라.

이해하기 쉽게 풀어서 설명하라

쉬운 말로 풀어쓰는 노력도 중요하다. 기업에선 담당자는 물론이고 결재권자도 스포츠마케팅에 대해 깊이 알지 못한다. 전문 용어는 말할 것도 없고 해당 종목 경기 방식조차 모르는 담당자가 의외로 많다. 스포츠에 관심이 없는 여성 직원이 대표적이다. 남성 직원이라도 스포츠를 좋아하지 않는 경우가 종종 있다.

이런 경우 세일즈는 훨씬 어려워진다. 해당 종목에 대한 이해도가 떨어지면 좀처럼 업무 진도가 나가지 않는다. 열심히 설명해도 엉뚱한 질문이나 황당한 요구가 돌아오기도 한다. 대표나 회장의 입에서 나온 엉뚱한 요구가 담당자를 통해서 전해질 때도 있다. 업무는 아예 엉뚱한 방향으로 흘러간다.

이런 사고를 막기 위해선 어떻게 해야 할까? 제안서를 최대한 알기 쉽게 작성하는 것 외엔 방법이 없다. 종목에 대한 자세한 설명을 비롯해 대회를 개최했을 때 기대되는 효과를 자세하게 설명해야 한다. 중학생 이상이면 누구라도 이해할 수 있을 만큼 쉽게 설명하라.

전문 용어는 알기 쉽게 풀어쓰는 것이 좋다. 자신이 전문가라는 것을 강조하기 위해 어려운 단어를 난발하면 담당자는 당신의 제안에 관심을 가지지 않는다. 당연히 설득에도 실패한다. 결국에 모든 피해는 당신에게 돌아간다.

사진·그래픽을 충분히 활용하라

사진이나 그래픽을 효과적으로 활용하자. 상황에 따라서는 글보다 사진 한 장이 훨씬 강한 파급력을 발휘하기도 한다. 어려운 문장이나 설명을 사진 한 장으로 이해시킬 수도 있다.

필요한 사진이나 그래픽은 웹 서핑을 하면서 내려받아도 된다. 제안서는 외부에 노출하거나 상업 용도로 사용하는 것이 아니어서 저작권법에 저촉되지 않는다. 관련 사진은 평소 웹 서핑을 할 때 꾸준히 모아두는 것이 좋다. 제안서 작성 때 한꺼번에 찾으려고 하면 잘 찾아지지도 않을 뿐더러 시간도 많이 허비하게 된다.

사용하려는 사진 배경이 난잡하거나 지저분할 때는 이미지 배경을 제거하자. 이미지 배경 제거만으로도 제안서는 훨씬 깔끔해진다. 이미지 배경 제거 작업은 포토샵 프로그램이 있어야 하는데, 요즘은 무료 이미지 배경 제거 사이트를 이용하면 클릭 몇 번만으로 작업을 끝낼 수 있다.

제안서 배경 디자인은 여러 시안을 준비해두는 것이 좋다. 같은 제안서라도 배경 디자인에 따라 전혀 다른 느낌을 준다. 세련된 배경 디자인은 전문성과 신뢰감을 높이기도 한다.

제안서의 내용에 따라 배경 디자인이나 색상을 바꿔보는 것도 좋은 방법이다. 신뢰감을 주고 싶을 땐 파란색이나 초록색 디자인을, 건강하고 친근한 이미지를 강조하고 싶을 땐 주황색, 고급스럽고 신비로운 느낌을 주고 싶다면 보라색 배경 디자인을 사용하는 것이 좋다.

맞춤형 제안서를 만들라

세일즈 대상 기업을 위한 맞춤형 제안서를 만들어보자. 제안서 하나를 여러 기업에 돌리는 방법은 성공확률이 대단히 낮다. 정보파악도 안 된 상황에서 불특정 다수에게 똑같은 물건을 세일즈하는 것과 같다. 세일즈 성공확률을 높이려면 세일즈 대상 기업만을 위한 맞춤형 제안이 필요하다.

그러려면 먼저 기업과 소통해야 한다. 기업이 무엇을 필요로 하는지, 관심사는 무엇인지 사전에 파악한 후 제안서 만들기에 들어가라.

기업과 소통하기 어려운 상황이라면 당신의 정보력과 네트워크를 최대한 활용하자. 세일즈하려는 기업이 스포츠마케팅에 관심이 있는지, 있다면 어떤 마케팅을 원하는지 구체적인 정보를 수집하는 것이 좋다.

이렇게 하면 담당자로부터 "그렇지 않아도 추진하려던 사업이었습니다" 또는 "좋은 타이밍에 제안서를 보내주셨네요"라는 말을 들을 때가 있다. 그럼 대성공이다. 그 쾌감을 느껴보시라.

증시 상장을 앞둔 기업도 놓치지 마라. 이런 기업은 대외적으로 굵직한 사업이나 행사를 계획하는 경우가 많다.

요즘은 기존 마케팅 틀에서 벗어나 새로운 방식의 마케팅을 원하는 기업이 많다는 점도 명심하자. 기업이 원하는 것만 찾아내면 진도는 생각보다 빠르게 나갈 수 있다. 어찌 됐든 기업의 요구사항이 반영된 제안서는 성공률이 대단히 높다. 기업 담당자가 제안서의 특정 부분 수정을 요구하면 성사 가능성은 더 올라간다.

제안서 내용이 세일즈 대상 기업만을 위해서 준비된 것임을 보여주는 것도 중요하다. 해당 기업(브랜드) 로고를 넣고, 주요사업과 관련한 내용을 반영해야 기업의 친밀도를 높일 수 있다. 이 정도 성의도 없다면 영업은 힘들다.

제안서 작업은 파워포인트로 하고, 보낼 때는 PDF로 변환해서 파일 용량을 줄여야 한다. 그렇게 해야 제안서 훼손이나 도용을 막을 수 있다.

단점을 장점으로 **포장하는 기술**

　　　　　창업 초기에는 스타 선수들과 계약하기 어렵다. 스타 선수는커녕 하위권 무명 선수들과 계약만 해도 감사한 일이다. 대부분 선수는 기존 스포츠에이전시와 연결고리가 있어서 비집고 들어갈 틈이 보이지 않는다.

　문제는 수익이다. 무명 선수들만으로 수익을 내기는 어렵다. 기업에 제안해서 후원을 유도하거나 수익 창출 아이템을 만들어야 하는데, 하위권 무명 선수들에게 선뜻 지갑을 열어줄 기업이 어디 있겠나.

긍정적인 이미지 전달하기

　소속 선수들의 소개서를 작성하는 일도 만만치 않다. 제안서 첫 장에 들어갈 한 줄 소개를 쓰는 데도 골머리를 앓아야 한다. 소속 선수 대부분은 내세울 만한 성적이 없고, 인지도도 떨어져서 기업의 관심을 끌어

내기가 쉽지 않다.

　없는 것을 있는 것처럼 지어내거나 거짓으로 꾸밀 수도 없는 일이다. 제안서를 허위로 작성하면 모든 법적·도덕적 책임을 감수해야 한다. 거액의 손해배상은 물론이고 사회에서 매장당할 수도 있다.

　그렇다고 '장점이 없는 선수'라고 소개할 수도 없는 일 아닌가. 사업을 포기한 사람이 아니고서는 이따위로 제안서를 만들 스포츠마케터는 아무도 없다.

　참으로 고민스럽다. 아무리 머리를 쥐어 짜내도 적절한 표현 방법이 떠오르지 않는다. 야속한 시간만 흘러갈 뿐이다.

　이럴 때마다 내가 자주 사용한 표현은 '숨은 보석', '숨은 진주' 등이다. 이런 표현들을 활용하면 성적 부진과 낮은 인지도라는 단점을 상당 부분 가릴 수 있다.

긍정적인 표현들로 소속 선수 알리기

소속 선수 특징	적절한 표현들
인지도가 낮은 선수	숨은 진주, 숨은 보석
신인급 선수	라이징 스타, 차세대 유망주, 2022년 기대주
신장이 작은 선수	다부진 체형
평범한 체형의 선수	○○종목에 최적화된 선수
사교적이지 못한 선수	차분한 성격, 진중한 성격
무표정한 선수	포커페이스

라이징 스타나 기대주라는 표현을 사용하기 위해서는 논리적인 근거가 있어야 한다.

다른 상황에서도 이와 비슷한 방법을 응용해보자. 아마추어 시절 이렇다 할 성적이 없는 무명 신인이나 신인급 선수는 '라이징 스타', '차세대 유망주', '2022년 기대주' 같은 표현을 써서 포장해보라. 없던 상품성이 생긴 기분이 들지 않는가?

그밖에도 신장이 작은 선수는 '다부진 체형'으로, 평범한 체형의 선수는 '○○종목에 최적화된 체형', 사교적이지 못하고 낯을 많이 가리는 선수는 '차분한 성격' 또는 '진중한 성격'으로 소개하면 한층 긍정적인 이미지를 전달할 수 있다. 경기 중에 무표정한 선수들을 '포커페이스'라고 표현하는 것도 좋은 방법이다. 경기 중에 무표정하기로 유명한 박인비는 '침묵의 암살자'라는 멋진 별명을 얻었다.

국내 스포츠에이전시에서 이런 표현을 나보다 많이 쓴 사람은 없을 것 같다. 서글픈 시절이었지만, 지금 생각하면 웃음이 나온다. 당신이 소자본으로 창업한다면 반드시 겪게 될 일이다. 유용하게 써먹기 바란다.

숫자나 순위로 관심 끌기

숫자나 순위를 활용하는 방법도 있다. 예를 들어 개인 타이틀 순위가 5위나 10위 안에만 진입해도 '베스트5', '베스트10' 또는 '톱5', '톱10'이라고 표기하는 것이다.

사실 개인 타이틀은 1, 2위가 아니면 주목받기 어렵다. 1위만 알아주는 세상이다. 하지만 '베스트5'나 '톱5' 같은 표현을 쓰면 느낌이 달라진다. 그냥 5위라고 표기하는 것보다 신분이 격상된 느낌이다. 시선 집중 효과도 있다. 1~4위 선수 이름을 차례로 적어서 함께 소개하면 상위 선수들과 동급이라는 긍정적인 인상까지 줄 수 있다.

비슷한 선수끼리 묶어서 제안할 때도 이 방법이 효과적이다. 무명 선수들이나 무명 신예 3명을 '내년에 주목해야 할 선수 베스트3' 또는 '올해 기대되는 선수 톱3'라고 소개하는 방법이다.

개인 타이틀은 공식 순위와 기록이 일반에 공개된다. 이런 표현은 쓰고 싶어도 쓸 수 없는 선수가 더 많다. 그러나 '내년에 주목해야 할 선수'는 어디까지나 스포츠마케터의 주관적인 시각이다. 설득력 있는 논리만 뒷받침한다면 얼마든지 활용해도 된다.

이 같은 방법으로 소개하면 관심집중 효과가 탁월하다. '베스트3'라는 글귀에 궁금증이 돋아난다. 딱딱하고 지루한 제안서에 흥미를 불어 넣는다. 기업도 여러 선수를 함께 검토할 수 있어서 유용하다. 실제로 이런 방법을 써서 여러 선수 계약을 체결한 일이 있다.

소속 선수의 성적을 꼼꼼히 살펴보자. 단 하나라도 남보다 나은 분야가 분명히 있을 것이다. 그 평범한 기록에 의미를 부여하자. 스포츠마케터로선 밑져야 본전이다. 지금 바로 시도해보라.

스포츠용품에 옷을 입혀라

내가 표현의 중요성을 깨달은 건 골프공 회사 마케팅부장으로 근무할 때였다. 제품마다 나름의 의미를 부여하며 홍보자료를 만들어야 했다. 회사 제품 중에는 성능이나 디자인 면에서 특성이 뚜렷한 제품도 있지만, 그렇지 않은 제품이 더 많았다. 골프공에 어떤 옷을 입혀서 홍보하냐에 따라 판매량이 크게 달라지기 때문에 대단히 중요한 과정이었다.

골프공뿐만 아니라 모든 스포츠용품 유통 회사 담당자는 공감하는 이야기가 아닐까 생각된다.

골프공은 시장에 나오기 전에 프로 선수들이 먼저 사용한다. 선수들의 사용 소감을 인용해서 보도자료나 카탈로그 같은 홍보물에 넣기도 한다. 많은 선수가 사용할수록 해당 제품의 공신력은 올라간다. 소비자들은 프로 선수들이 아무 제품이나 사용하지는 않을 것이라는 선입견이 있기 때문이다.

제품 홍보에 가장 좋은 시나리오는 그 제품을 사용한 선수가 대회에서 좋은 성적을 올리는 것이다. 특별히 홍보하지 않아도 회사에 문의 전화가 빗발치고, 제품은 날개 돋친 듯 팔려나간다.

문제는 그럴 가능성이 크지 않다는 점이다. 모든 제품에 그런 행운이 따를 리도 없다.

그렇다면 대다수 평범한 제품들을 어떻게 홍보할 것인가. 앞에서는 소속 선수들을 한 가지 표현만으로 상품성에 날개를 달 수 있다고 설명했다. 스포츠용품도 마찬가지다. 어떤 표현으로 어떤 옷을 입힐 것인지 고민하자.

내가 근무했던 골프공 회사는 프로 선수 사용률보다 다양한 색상으로 눈길을 끌었다. 보통 골프공은 흰색이지만, 내가 근무했던 회사 제품은 공마다 색깔을 입혀서 차별화했다. 그 결과 여성이나 아마추어 골퍼에게 큰 인기를 끌었다.

골프공의 구조는 대개 2피스나 3피스로 이루어져 있다. 2피스는 코어와 커버, 3피스는 코어와 이너커버, 커버로 구성된다.

2피스 공의 특징은 타구감이 딱딱하고 스핀이 덜 걸린다. 스핀량이 적은 만큼 그린에서 볼 컨트롤이 어렵다. 프로 선수들은 사용하지 않는다. 반면에 3피스는 타구감이 부드럽고 스핀이 잘 걸려 그린 위에서 컨트롤하기 좋다. 프로 선수들이 사용하는 공은 3피스 이상이다.

골프공의 구조와 PR 포인트

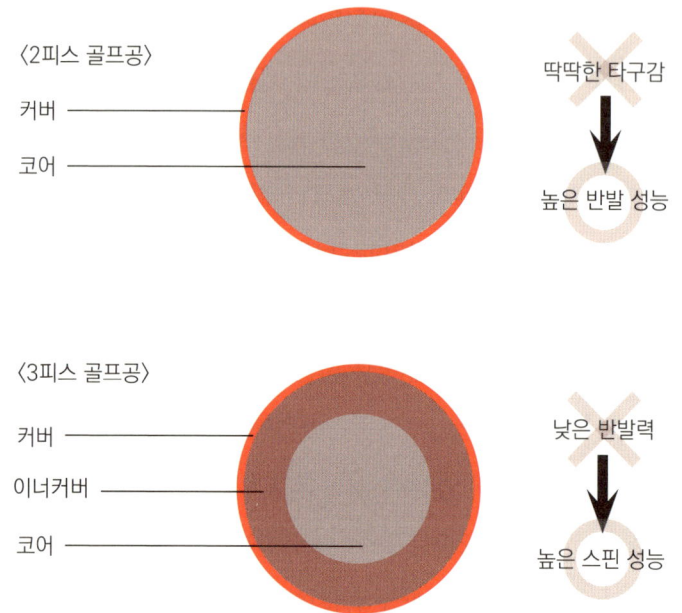

그럼 2피스 공은 어떻게 홍보해야 할까? 위에서 설명한 것처럼 '2피스는 타구감이 딱딱하고 그린 위 컨트롤이 어렵다'고 홍보하는 회사는 단 한 곳도 없다. '딱딱한 타구감'을 '높은 반발 성능'으로 고쳐서 '비거리 성능이 뛰어난 제품'이라고 홍보한다. 즉, '장타를 치고 싶다면 2피스를 사용해야 한다'고 강조하는 것이다.

골프채는 정식 대회에서 사용할 수 있는 공인 골프채와 반발계수를 초과한 비공인 골프채가 있다. 비공인 골프채를 홍보할 땐 '고반발 골프채', 또는 '장타자용 골프채'라고 홍보하면서 오히려 비싼 가격으로 판매한다. 이것이 스포츠용품 마케팅의 기본이다.

모든 제품에 스토리텔링을 만들자

모든 제품엔 스토리가 있어야 한다. 잘 만들어진 스토리는 제품 성능보다 강력한 힘을 발휘하기도 한다.

일본 스포츠 브랜드들의 스토리는 대부분 장인정신이다. '일본의 3대 장인이 만든 수제용품'이나 '한 달에 ○개밖에 못 만드는 장인의 제품' 등이 그것이다.

내가 있던 골프공 회사는 순수 국산 기술로 한국에서 만들어진 제품이란 걸 강조하며 애국심을 자극했다.

성공한 스포츠마케터의 코디네이션

　　　　　스포츠마케터에게 대회장은 전쟁터와 같다. 대회장에서 하는 일은 회사의 명운이 걸려 있다. 오랫동안 공을 들여 준비한 것들을 하루 또는 며칠 사이에 모두 쏟아내야 한다. 현장으로 떠날 땐 빠진 것이 없는지 한 번 더 확인하자. 그리고 적당한 긴장감과 부담감을 안고 현장으로 간다.

　여기서 잠깐. 한 가지 더 점검할 것이 있다. 어떤 복장으로 현장에 나갈 생각인가? 지금 입고 있는 복장이 오늘 하루 당신의 품위를 지켜줄 수 있을 것이라 확신하는가? 혹시라도 당신과 회사의 이미지를 갉아먹는 복장은 아닌지 한 번 더 거울을 들여다보며 생각해보자.

　스포츠 대회장이 스포츠마케터에게 전쟁터라면 복장은 당연히 전투복을 입어야 한다. 물론 농담이다. 차라리 전투복처럼 스포츠마케터의 복장이 정해져 있다면 옷차림으로 고민할 일은 없을 것이다.

결론부터 말하면 스포츠마케터의 복장은 정해진 것이 없다. 무엇을 어떻게 입든 자유다. 그에 대한 책임만 지면 된다. 그래서 더 혼란스럽다. 내가 곧 회사의 얼굴이기에 조심스럽기도 하다. 욕심 같아선 멋진 옷만 골라 입으면서 회사 이미지도 끌어올리고 싶다. 소자본 창업자라면 누구라도 이 같은 고민을 한 번쯤은 해봤을 것이다.

평소 열심히 준비한 행사에서 복장 문제로 여러 사람에게 좋지 않은 인상을 남겼다면 참으로 안타까운 일이다. 개인적으로는 옷차림 따위는 중요하게 생각하지 않는다. 하지만 어쩌겠는가. 우리 사회에서 다수의 사람이 옷차림 같은 외모를 중요하게 생각한다. 그 사람에 대한 첫인상이 굳어지면 이미지를 바꾸기는 대단히 어렵다. 멀쩡한 길을 놔두고 먼 길로 돌아갈 필요는 없지 않은가. 얼굴은 성형해야 고칠 수 있지만, 옷차림은 '어떤 옷을 어떻게 입을 것인지'만 신경 써도 전혀 다른 분위기와 이미지를 전달할 수 있다.

이처럼 옷차림은 사회생활을 하는 데 있어 너무나도 중요한 부분이지만, 누구도 가르쳐주지 않는다. 개인적인 자유와 취향의 문제다. 크게 문제가 되지 않는다면 누구도 간섭하지 않는다. 그래서 많은 사람이 나름의 시행착오를 겪으면서 깨달아간다. 당신은 이 책을 통해서 시행착오를 겪지 않기를 바라는 마음이다.

스포츠 대회장에선 어떤 옷을 입는 게 좋을까?

스포츠대회나 관련 이벤트 장소에선 두 가지 측면으로 생각해야 한다. 당일 주요 업무가 무엇인지 생각하면서 의상을 고르자. 스포츠 대회장이라고 해서 무턱대고 편하고 활동하기 좋은 옷을 입으면 곤란한 상황이 벌어질 수도 있다.

주로 움직임이 많은 업무를 해야 할 때는 선수들처럼 활동적인 의상을 선택하는 것이 좋다. 이런 의상은 스포츠마케터로서 전문성과 친근한 인상을 준다. 선수나 관계자에게는 동질감을 심어주기도 한다. 이런 분위기에서 정장을 입으면 거리감이 느껴질 뿐 아니라 불편하고 업무 효율성도 떨어진다.

골프 대회장에 갈 때는 선수들처럼 상·하의를 골프의류로 코디하고 골프화, 골프 모자, 골프 우산까지 챙기자. 실제로 필드에 나가 소속 선수를 응원하거나 필요한 것을 챙겨줘야 하는 경우가 있다. 단, 선수 보다 튀어 보이면 곤란하다. 스포츠마케터는 열정적으로 일하되 모습은 드러내지 않는 것이 좋다.

대회장에서 후원사 VIP를 응대하거나 대회 운영·관리가 주 업무라면 세미 정장이나 정장을 차려입자. 정장은 전통적인 타입보다 밝은 느낌의 세련된 디자인으로 코디하는 것을 추천한다.

기업 미팅·행사장에서의 복장

기업 미팅이나 행사 때도 성격에 따라 의상을 달리하는 것이 좋다. 편안한 자리의 미팅이라면 굳이 정장을 입을 필요는 없다. 스포티한 평상복 차림도 괜찮다. 주의할 점은 깔끔함은 기본이라는 점이다. 어떤 옷을 입더라도 깔끔함을 유지해야 한다.

공식적인 행사나 무게감이 있는 미팅이라면 세미 정장 또는 정장을 입어라. 전통적인 정장이나 밝은 느낌을 주는 세미 정장도 좋다.

2015년 미국에서 열린 PGA 머천다이즈 쇼. 바이어를 상대하기 위해 정장을 입었다.

일상에서의 스포츠마케터 복장

대회장이나 행사장에 가지 않는 날 누군가와 미팅도 없다면 편안한 복장으로 근무해도 된다. 스포츠마케터답게 스포티한 느낌의 평상복이 무난하다. 세미 정장도 괜찮다. 개인적인 취향이겠지만, 굳이 정장을 입지 않아도 된다.

당신이 회사의 얼굴이라는 점만 기억하라. 당신의 옷차림에 따라 회사의 이미지가 바뀐다. 큰 회사도 한두 사람이 회사의 이미지를 바꿔놓을 수 있다. 하물며 소자본 창업자는 어떻겠는가. 회사의 이미지를 만들어간다고 생각하고 코디에 신경을 써야 한다. 항상 깔끔하고 긍정적인 느낌을 전할 수 있는 복장인지 점검해보기 바란다.

시계나 벨트, 지갑 같은 액세서리는 사람마다 취향이 다르다. 단정지어서 말할 순 없을 것 같다. 당신이 구두에 애착이 있거나 벨트와 시계로 코디하는 것을 좋아한다면 얼마든지 멋을 내도 좋다. 멋지게 코디하면 패션 센스가 있는 스포츠마케터로 인식돼 여러 사람에게 기억될 수 있다.

당신이 신발에 관심이 많다고 치자. 만나는 사람 중에 신발에 관심이 많은 선수나 스폰서가 있다면 시선 유도 효과가 있다. 공감대를 형성하기에도 좋다. 대화를 쉽게 풀어갈 수 있으니 큰 장점이다. 벨트나 시계, 지갑도 마찬가지다.

유행이나 디자인에서 앞서갈 수 있다면 더 좋다. 하지만 마음에도 없는 코디로 스트레스 받을 필요는 없다. 무엇을 입고 무엇을 착용하든 단정하고 깔끔한 느낌을 주는 것이 더 중요하다. 화려한 코디로 눈길을 끄는 것보다 무난한 코디가 좋다.

업무에 집중하되 밝은 표정으로

스포츠 대회장에선 항상 진지한 모습을 보이자. 껌을 씹거나 경기에 무관심한 표정을 보이는 건 금물이다. 자칫하면 큰 오해를 살 수 있으니 주의해야 한다.

경기에 집중하는 모습만으로도 선수나 관계자들에게 동질감을 심어줄 수 있다. 그것이 업무에 임하는 기본자세이자 예의다.

항상 진지하되 표정은 밝아야 한다. 진지하다고 해서 표정까지 가라

앉아 있으면 좋지 않다.

소속 선수나 팀이 늘 좋은 결과를 낼 수는 없다. 그럴 때마다 함께 우울해하거나 힘들어하는 표정을 지어선 안 된다. 당신의 표정이 많은 사람을 불편하게 할 수 있다. 어떤 경우라도 밝은 표정을 지으려고 노력해야 한다.

힘든 일이나 좋지 않은 결과가 나와도 소속 선수에게 긍정 에너지를 전달할 수 있어야 한다. 조금의 희망이라도 있다면 할 수 있다는 의지를 전달해주는 것이 스포츠마케터의 기본자세다. 소속 선수나 관계자들에게 밝은 기운과 긍정 에너지를 전달하라.

포스트 코로나 시대 스포츠마케팅

2020년 들어 스포츠계는 큰 혼란에 빠져 있었다. 코로나19가 전 세계적으로 유행하면서 너무나도 당연했던 일상을 빼앗기고 말았다. 주말마다 다니던 대회장 출입이 어려워졌고, 기업 담당자들과 대면 미팅도 할 수 없게 됐다. 업무의 절반이 사람과 만나는 일인 스포츠마케터로서는 세일즈 기회마저 박탈당할 위기에 몰려 있었다.

코로나 이후 시대를 전망한 모든 전문가는 스포츠·레저 관련 업종의 미래를 비관적으로 내다봤다. 사람을 대면하지 않고선 업무 진행이 어려운 서비스업 전망도 밝지 않았다. 스포츠마케팅 회사 창업 후 가장 강렬한 위기감이 느껴졌다.

미래가 불확실하다는 것이 더 두려웠다. 불안감은 현실이 되고 말았다. 상당수 스포츠대회가 취소되거나 축소되어 치러졌고, 우여곡절 끝에 열린 대회는 관중 없이 치러야 했다. 기업은 수많은 위험을 무릅쓰고 대회를 강행했다. 한 번도 경험한 적이 없는 이상한 세계에서 어떻게든 벗어나야 했다.

다행히도 어둠의 터널은 그리 길지 않았다. 국내 스포츠계는 빠르게 빛을 찾아 움직였다. 프로야구는 메이저리그보다 먼저 개막전을 치렀고, 골프는 세계에서 가장 먼저 투어를 시작하면서 전 세계인이 K-방역과 대한민국 스포츠산업을 부러운 눈으로 바라봤다. 움츠려 있던 시장은 묶여 있던 자금이 풀리면서 활기를 띠기 시작했다.

개인적으로는 창업 후 꾸준히 뿌려둔 씨앗에서 싹이 돋아났고, 하나둘 열매를 맺으면서 만족스러운 실적을 올릴 수 있었다. 코로나19 팬데믹이라는 위기 상황이 오히려 내 안에 잠들어 있던 투혼을 불사르게 한 것 같다.

남는 시간, 어떻게 할애할 것인가?

코로나19 팬데믹 속에서도 좋은 실적을 올릴 수 있었던 비결은 변화하는 환경에 빠르게 대처한 덕이었다.

코로나19 확산 시 가장 큰 문제는 대회장에 갈 수 없다는 점이었다. 대회장에 가지 않으면 소속 선수들의 매니저 업무를 할 수 없기 때문이다. 선수 부모들과 만나거나 새로운 선수를 영입하는 데도 차질을 빚게 된다. 어떻게든 돌파구가 필요했다.

그런데 비관적으로만 바라볼 일은 아니었다. 대회장에 가지 않으니 기업이나 소속 선수들에게 할애할 수 있는 시간이 오히려 늘어났다. 운전하면서 길에서 버리는 시간은 줄고, 잃어버린 주말과 휴일은 되찾아

올 수 있다.

조금 과장해서 말하면 시간이 남는다. 그래서인지 열심히 일해도 찜찜한 느낌이다. 늘 시간에 쫓겨 살던 터라 왠지 모를 죄책감이 든다.

시간이 남는다고 해서 나태하거나 게으름을 피워선 안 된다. 남는 시간을 어떻게 할애하냐에 따라 포스트 코로나 시대 당신 회사의 운명이 좌우된다.

만약 시간이 남는다면 그동안 소홀했던 업무를 꼼꼼히 챙기거나 보고서 같은 문서 작성 업무에 공을 들여야 한다. 기업이나 소속 선수에 대한 서비스를 늘리고, 현실성 있는 수익 사업도 기획해야 한다. 남는 시간을 어떻게 할애할 것인가는 당신 마음이다. 단, 모든 결과에 대한 책임은 당신이 져야 한다.

불안한 미래에 대비하라

한고비를 넘겼다고 해서 방심은 금물이다. 코로나19가 재확산하거나 또 다른 전염병이 유행할 경우 어떤 현상이 일어날지 누구도 예측하기 어렵다. 기업의 스포츠에 대한 투자 위축으로 이어진다면 최악이다.

정부가 위드 코로나(단계적 일상 회복)를 선언하면 모임 인원 제한이나 자영업자들의 영업시간 제한, 스포츠 경기장의 관람 인원 제한 등은 상당 부분 완화되겠지만, 스포츠마케팅이라는 눈에 보이지 않는 시장은 여전히 미래가 불확실하다.

이 불안한 미래에 아무런 대책도 세우지 못한다면 정말이지 최악이다. 불확실한 미래에 대비하는 방법은 착실한 계획과 준비밖에 없다.

한 가지 방법으로 매년 새로운 미션을 자신에게 부여해보자. 새로운 선수를 영입하듯이 매년 새로운 기업을 내 편으로 만드는 작업이다. 기존에 거래하던 기업에서 내년에도 매출이 나온다는 보장은 없다. 70~80%만 살려도 감사한 일이다. 기업은 상황이 좋지 않거나 전에 했던 마케팅에 만족하지 못한다면 얼마든지 다른 선택을 할 수 있다. 기업들도 선택의 자유가 있으니 늘 뜻하지 않은 상황에 대비하기 바란다.

나는 매년 2개 기업과 새롭게 인연을 맺는 미션을 수행하고 있다. 그렇게 하면 내 일에 동기부여가 될 뿐만 아니라 미래에 대한 막연한 두려움도 떨칠 수 있다. 사업 실적은 자연스럽게 따라온다.

단 하나의 기업도 소홀히 여겨서는 안 된다. 예를 들어 새로운 스포츠 의류브랜드가 론칭하면 모기업에서 어떤 마케팅을 추구하는지 빠르게 파악해야 한다. 정보파악이 되었다면 제안서를 만들어 정중하게 사업 제안을 해보자.

여기서 한 가지 명심할 점이 있다. 주변 사람들의 소개에 기대지 마라. 지인들의 소개에 의존하면 세일즈에 임하는 자세가 소극적일 수밖에 없다. 영업 계획에 차질을 빚을 수도 있다. 아무리 가까운 지인이라도 당신 사업을 대신해주지 않는다. 소개를 받더라도 절대로 의존해선 안 된다. 속된 말로 '맨땅에 헤딩'은 업무 진행상태나 가능성을 확인할 수 있는 가장 확실한 방법이다.

술 마시며 영업하는 시대는 끝났다

포스트 코로나 시대 스포츠산업은 비대면 업무가 그대로 유지되거나 더 강화될 가능성이 크다. 코로나19 팬데믹 속에서 거의 모든 업종 사람이 비대면 업무를 경험하면서 긍정적인 효과와 가능성을 확인했기 때문이다.

코로나19 이전의 스포츠마케터는 대회장에서 선수와 선수 가족을 만나 업무를 봤다. 코로나19 이후는 모든 것이 달라졌다. 한때 대회장 출입이 제한되면서 대부분 업무가 비대면으로 전환됐다. 기업도 재택근무나 비대면 방식으로 업무 체계를 바꿔버렸다. 어색하고 불안하다. 어떨 땐 일한 것 같지 않은 기분이 들기도 한다.

합리적인 면도 있다. 가능성 없는 사업에 시간을 낭비하는 일이 없어졌다. 코로나19 이전 비즈니스를 생각해보라. 기업 담당자들과 만나서 식사를 하고 술을 마셔야 영업이 됐다. 코로나19 이후 이런 거추장스러운 문화는 대부분 사라졌다. 불필요한 만남이나 술자리 없이도 비대면 업무가 가능했고, 계약도 정상적으로 체결할 수 있었다.

기업 담당자와는 이메일이나 메신저, 화상으로 만나 미팅을 했고, 선수와 선수 부모 역시 전화나 모바일 메신저로 연락을 주고받으며 문제를 해결했다. 필요한 물건은 택배나 퀵서비스를 이용하면 된다.

코로나19는 우리 사회 비대면 문화를 더 빠르게 촉진했다. 코로나19 펜데믹으로 2년간 반강제적인 비대면 업무에 처하면서 새로운 가능성을 발견했다. 스포츠대회 취소·연기, 무관중 경기가 이어지는 가운데서도 기업들의 스포츠마케팅 관심과 투자는 줄지 않았다. 굳이 코로나19 이전의 비즈니스로 다시 돌아갈 이유는 없어 보인다.

기업은 어떤 방법으로든 마케팅을 한다. 단지 마케팅을 실행하는 방법과 과정이 달라질 뿐이다. 긍정적인 생각으로 변화하는 시대에 발 빠르게 대처해야 한다. 포스트 코로나 시대를 대비한 기획을 준비하자. 기업은 여전히 당신의 참신한 아이디어를 기다리고 있다.

미래를 낙관할 수는 없다. 지금까지 결과가 좋았다 해도 여전히 풀어야 할 과제가 많다. 특히 코로나19는 스포츠산업에 빈부 격차를 심화시켰다. 주도권을 가진 집단은 성장했으나, 그렇지 않은 집단은 쇠퇴하거나 위축되었다. 비대면 업무가 확대될수록 소비자의 선택은 단조로워진다. 그럴수록 큰 회사에 일감이 몰린다.

한 가지 예로 선수 영입 문제가 그렇다. 비대면 선수 영입은 대단히 어렵다. 정보파악에 한계가 있어서 기업과 선수들은 기존에 알던 큰 에이전시에 의존할 가능성이 크다. 작은 에이전시의 강점인 스피드와 유연성도 비대면 시대에선 크게 힘을 발휘하지 못할 가능성이 있다. 소자본 창업자들이 반드시 넘어야 할 산이다.

책을 마치며
찬란한 스포츠의 나라

　대한민국은 세계가 주목하는 문화 강국이다. 방탄소년단 BTS과 영화 〈기생충〉, 넷플릭스 드라마 〈오징어 게임〉이 전례 없는 흥행을 기록하며 전 세계인의 마음을 사로잡았다. 10년 전만 해도 상상하지 못했던 일들이 현실로서 우리 눈 앞에 펼쳐지고 있다. 일제강점기 김구 선생이 염원했던 '문화 강국'의 꿈이 100년이 지난 지금 거짓말처럼 실현되고 있다.

　주영하 교수 외 20명의 전문가가 쓴 『한국인의 문화 유전자』는 한국인의 10대 문화유전자를 '곰삭음, 정, 자연스러움, 공동체, 어울림, 해학, 흥, 예의, 역동성, 끈기'라고 설명하고 있다. 세계 어느 나라에서도 찾아볼 수 없는 한국인만의 문화유전자가 한류의 저력이라는 것이다.

　10대 문화유전자는 한국인의 스포츠 발전에도 크나큰 영향을 미쳤으리라 본다. 일제강점기와 6.25 전쟁을 겪은 우리나라는 세계 최빈국 중 하나였고, 스포츠는 아시아에서도 크게 뒤떨어져 있었다. 그랬던 대한민국이 세계 10대 스포츠 강국으로 발돋움할 수 있었던 원동력은 외국인에게선 찾아볼 수 없는 문화유전자 속에서 저력을 꽃피웠기 때문이라고 자부한다.

스포츠산업이 경기력 발전 속도를 따라가지 못한 점은 아쉬움이다. 우리는 4대 스포츠 빅 이벤트를 모두 개최한 6번째 나라에 살고 있다. 우리보다 먼저 4대 스포츠 이벤트를 개최한 나라는 프랑스, 독일, 이탈리아, 일본, 러시아뿐이다. 경기력 면에서도 동·하계올림픽 메달 집계 기준으로 세계 10위권의 강국이 되었다.

하지만 산업적인 측면만 보면 스포츠 선진국이란 말은 아직 이른 감이 있다. 산업 규모만 커졌을 뿐이지 산업의 질적인 측면에선 갈 길이 멀어 보인다. 세계시장에 내세울 만한 대한민국 토종 스포츠 브랜드도 없다. 대부분 수입에 의존한다. 외국 기업의 배만 채워주고 있다는 자조 섞인 비판까지 나온다.

엘리트 체육 중심의 인재 육성이 산업 발전의 불균형을 가져온 탓이다. 좋은 선수만 있고 훌륭한 산업 인재는 발굴하지 못했다. 스포츠 스타 육성과 스포츠 빅 이벤트 개최를 위해 천문학적인 예산을 퍼붓는 동안 산업 인재 육성은 철저하게 외면되어 왔다.

올림픽 같은 세계 무대에서 뛰는 우리나라 선수들의 유니폼을 자세히 들여다보라. 태극기보다 큰 외국 스포츠 브랜드 로고가 박혀 있다. 스포츠 경기에서 승자는 대한민국이지만, 산업에서의 승자는 외국 기업과 브랜드라는 것을 의미한다. 씁쓸하지 않은가.

대한민국 스포츠가 처한 암울한 현실을 직시하자. 산업 발달 없이 이 암울한 현실을 극복하기는 어렵다는 것에 공감할 것이다.

한류를 예로 들어보겠다. 케이팝K-POP이 전 세계적으로 알려진 건 단

한 명의 훌륭한 아티스트 덕이 아니다. 엔터테인먼트 산업의 숨은 실력자들이 BTS, 블랙핑크 같은 세계적인 아티스트들을 탄생시켰다. 영화〈기생충〉의 탄생 뒤에는 천재 감독으로 불리는 봉준호가 있었다.

한국에서 가수나 배우로 활동하기 위해 전 세계에서 몰려드는 외국인들을 보라. 야구는 미국 메이저리그, 축구는 유럽 리그, 대중문화는 한국이 주목받는 시장이라는 걸 의미한다. 훌륭한 아티스트만 있고, 산업이 발달하지 않았다면 지금의 문화 강국 대한민국은 없었을 일이다.

스포츠도 바뀌어야 한다. 김연아, 손흥민 같은 스포츠 영웅이 대한민국 스포츠산업 전체를 바꿔놓을 수는 없다. 스포츠산업이 발달해야 제2, 3의 김연아와 손흥민이 나온다.

스포츠 선진국이 된 대한민국을 상상해보라. 국내 스포츠 스타는 굳이 해외 무대로 떠나지 않아도 국내에서 많은 돈과 명예를 얻으며 꿈을 펼칠 수 있다. 외국 선수나 지도자들은 한국의 선진 산업과 시스템을 배우기 위해 우리나라로 몰려들 것이다. 세계적인 스포츠 스타들의 유니폼에는 대한민국 토종 스포츠 브랜드 로고가 박혀 있다. 그것이야말로 우리가 원하는 진정한 스포츠 선진국이다.

스포츠산업이 진보하기 위해서는 지혜롭고 용감한 청년들의 도전이 필요하다. 젊고 유능한 청년들이 스포츠산업에 뛰어들면 시장 경쟁은 더 치열해진다. 치열한 경쟁 속에서 서비스와 상품의 질은 더 향상될 것이다. 지금은 상상하기 어려운 혁신적인 시장이 펼쳐질 것으로 확신한다. 산업은 진보하고, 일자리 창출 효과는 거시적으로 나타난다는 것이 내 지론이다.

문제는 자본이다. 사업에서 자본은 늘 걸림돌이다. 자본에 의해 꿈이 이루어질 수도, 좌절될 수도 있다. 청년들의 '발칙한' 상상력과 뜨거운 열정을 무력화시키는 것도 자본이다.

소자본 창업자였던 나는 누구보다 자본의 압박을 많이 받아왔다. 그런데도 난 청년들에게 취업보다 창업을 권한다. 스포츠마케팅은 자본보다 아이디어 싸움이기 때문이다. 빛나는 창의력과 뜨거운 열정이 자본력을 이길 수 있는 몇 안 되는 업종 중 하나가 스포츠마케팅이다. 준비된 청년들에겐 분명히 기회의 땅이다.

도전하지 않은 사람에게는 행운도 기회도 찾아오지 않는다. 세상을 바꿀 수도, 이끌 수도 없다. 스포츠산업의 무궁무진한 가치를 발견할 수도 없다. '언젠가'라는 막연한 꿈을 가지고 있다면 지금부터 여유를 가지고 하나씩 준비하자. 미래는 준비하는 자의 것이다. 이것이 뒤늦게 사업에 뛰어든 나의 결론이다.

당신과 내가 다른 점이 있다면 단 하나다. 나는 시작했고, 당신은 아직 시작하지 않았다. 내가 당신보다 앞서 있다고 생각하진 않는다. 어차피 세상은 끊임없이 변화한다. 변화하는 세상에 맞춰 혁신하지 않으면 도태한다. 그런 면에서 당신과 나는 똑같이 출발대에 서 있다.

아직도 준비할 시간이 더 필요한가? 너무 두려워하진 마라. 나 역시 알 수 없는 미래가 두렵지만, 앞만 보고 달려나갈 뿐이다. 우리 몸엔 남다른 문화유전자가 꿈틀대고 있지 않은가. 그 위대한 문학유전자로 찬란한 스포츠의 나라를 함께 만들어보지 않겠는가? 경쟁자이자 동업자로서 현장에서 만나는 날을 기대한다. 행운을 빌겠다.

참고문헌

이승용 저, 『스포츠마케팅 쪼개기 2020』, 북마크, 2019년.

이정학 저, 『스포츠 마케팅』, 한국학술정보, 2012년.

김도균 저, 『스포츠마케팅』, 오래, 2011년.

오상민 저, 『일본 열도를 뒤흔든 한국의 골프 여제들』, 소명출판, 2021년.

제이슨 솅커 저 · 박성현 역, 『코로나 이후의 세계』, 미디어숲, 2020년.

홍성원 저, 『생각하는 기계 VS 생각하지 않는 인간』, 리드리드출판, 2021년.

이승훈 저, 『내 작은 출판사 시작하기』, 북스페이스, 2014년.

류랑도 저, 『일을 했으면 성과를 내라』, 쌤앤파커스, 2010년.

이정애, 〈윤형빈에 패배한 다카야 "대한민국 여러분 감사합니다"〉, 《한겨레》, 2014년 2월 10일.

유시민 저, 『유시민의 글쓰기 특강』, 도서출판 아름다운사람들, 2015년.

강원국 저, 『강원국의 글쓰기』, 메디치, 2018년.

권신오 저, 『현직 기자가 쓴 보도자료 필살기』, 심미안, 2019년.

국립국어원 · 장소원 · 양정호 저, 『틀림없이 실리는 보도자료 쓰기』, 커뮤니케이션북스, 2005년.

사이토 마코토 저 · 양영철 역, 『기획서 · 제안서 작성법』, 삼양미디어, 2006년.

민기홍, 〈스포츠산업 머천다이징, '엑소 굿즈' 나올 수 없을까 [민기홍의 운동話공장]〉, 《스포츠Q》, 2017년 7월 17일.

정정숙, 〈폭발적 성장세, 스포츠 '굿즈' 시장을 잡아라〉, 《한국섬유신문》, 2021년 10월 22일.

장은진, 〈[스포노믹스 프론티어(69)] 억소리 나는 스포츠 굿즈, 대체 뭐길래〉, 《한스경제》, 2018년 12월 2일.

모토하시 아도 저 · 김정환 역, 『단 1줄로 사로잡는 전달의 법칙』, 밀리언서재, 2021년.

주영하 외 저, 『한국인의 문화 유전자』, 아모르문디, 2012년.